IL GRUPPO DEEP PHILOSOPHY

Storia, teoria, tecniche

Seconda edizione

Loyev Books

IL GRUPPO DEEP PHILOSOPHY

Storia, teoria, tecniche

Seconda edizione

Contributi di:

RAN LAHAV

MICHELE ZESE

FRANCESCA D'UVA

MASSIMILIANO BAVIERI

KIRILL REZVUSHKIN

STEFANIA GIORDANO

SEBASTIAN DROBNY

SERGEY BORISOV

Editore: Ran Lahav

Traduttore: Massimiliano Bavieri

Titolo originale: The Deep Philosophy Group, seconda edizione, Loyev Books 2019
Tradotto dall'inglese da Massimiliano Bavieri

ISBN: 978-1-947515-06-2

Copyright © 2019 Ran Lahav. Tutti i diritti riservati.
Foto di copertina © Sergey Borisov e Michele Zese

Loyev Books
philopractice.org/web/loyev-books
1165 Hopkins Hill Road, Hardwick, Vermont 05843
USA

Indice

Che cos'è la Deep Philosophy?   1
   Ran Lahav

La nascita della Deep Philosophy   13
   Michele Zese

La struttura di una sessione   26
   Francesca D'Uva

Procedure per lo studio di testi   42
   Massimiliano Bavieri

Prospettive sulla profondità interiore   55
   Kirill Rezvushkin

Momenti preziosi   74
   Stefania Giordano

La polifonia filosofica   82
   Sebastian Drobny

Che cos'è la recollection?   101
   Sergey Borisov

Gli autori   111

Loyev Books

CHE COS'È LA DEEP PHILOSOPHY?

Ran Lahav

In un primo senso, Deep Philosophy è il nome del nostro gruppo. In un altro senso, Deep Philosophy è un modo di fare filosofia. Più precisamente, è il modo contemplativo di filosofare che viene praticato dal nostro gruppo.

Deep Philosophy come gruppo
Nel primo senso, Deep Philosophy è un gruppo internazionale di filosofi impegnati a fare filosofia in modo contemplativo, utilizzando non semplicemente il pensiero astratto, ma una dimensione più profonda dentro di noi. In quanto parte della tradizione filosofica occidentale, noi, membri del gruppo, riflettiamo su questioni fondamentali della vita e della realtà, ma, a differenza dei discorsi intellettuali della filosofia accademica tradizionale, nella Deep Philosophy riflettiamo a partire dalla nostra profondità interiore.

Il gruppo Deep Philosophy nasce il 3 settembre 2017 nel piccolo borgo di Brando vicino a Torino, in Italia. Era l'ultimo giorno di un ritiro filosofico-contemplativo internazionale che avevo organizzato con l'aiuto di miei due amici: uno è Michele Zese, la cui famiglia è proprietaria della casa del ritiro, e l'altra, Stefania Giordano, è una collega e amica che sognava da tempo di organizzare ritiri filosofici.

Il paese di Brando è circondato da boschi ed è situato sul fianco di una ripida montagna, a pochi chilometri dal pittoresco paese di Coazze. È un luogo ideale per una tranquilla attività contemplativa. Il ritiro si svolgeva nel fine settimana. Vi partecipavano quasi venti persone, provenienti da diversi paesi, la maggior parte delle quali ripartì la domenica pomeriggio. Il lunedì mattina, nella casa eravamo rimasti in sei.

Eravamo seduti attorno a un lungo tavolo nella cucina della bella casa di Michele: il gruppo di persone, veramente internazionale, era composto da me, che abito negli Stati Uniti ma sono nato e cresciuto in Israele, più altre persone provenienti da Italia, Germania, Russia e Austria. Tutti noi avevamo già una conoscenza della filosofia, così come del movimento filosofico che cerca di rendere la filosofia rilevante per il grande pubblico. Ci era ben chiaro che quello appena terminato non era stato un evento filosofico ordinario, ma una vera e propria dimostrazione dell'eccezionale forza della filosofia di coinvolgere la vita e di motivarla.

Il ritiro filosofico che si era appena concluso era stato intenso e stimolante. Aveva procurato a tutti sia un senso di risveglio interiore, sia uno di *"insiemità"* (togetherness) con gli altri. Ci aveva mostrato come la filosofia potesse essere molto più che una serie di lezioni universitarie astratte – più che argomentazioni o analisi logiche, più che uno strumento per risolvere problemi. Il ritiro aveva dimostrato che la filosofia aveva la forza di stimolare un viaggio personale nella propria profondità interiore, in "insiemità" coi compagni.

Eravamo ancora sotto l'influenza di questa intensa esperienza, quando, seduti intorno al tavolo, parlavamo tranquillamente, pensavamo, ci godevamo la reciproca compagnia e ripercorrevamo con la memoria quanto accaduto. Per qualche ragione, nacque in questo momento l'idea di utilizzare questa esperienza come fondamento per un approccio generale al fare filosofia. E una volta che l'idea fu articolata a parole, l'abbracciammo con entusiasmo.

Quella mattina venne formulata una bozza della nostra visione nascente. Dopo essere tornati a casa, continuammo a rimanere in contatto via internet e a discutere. Presto iniziammo a condurre sessioni sperimentali su Skype e a lavorare per migliorare e consolidare il nostro approccio, le nostre strutture di interazione, le nostre tecniche e procedure, le nostre idee teoriche.

Questo fu l'inizio di un processo che continua ancora oggi, due anni dopo, con meravigliosa creatività, produttività e "insiemità". Nel corso di questo processo, abbiamo sviluppato un ricco arsenale di esercizi e di tecniche filosofiche, nonché una solida base teorica – tutti elementi facenti parte dell'approccio che chiamiamo Deep Philosophy. Abbiamo iniziato ad offrire sessioni online a persone di tutto il mondo e a organizzare workshop e ritiri in diversi paesi. Nuove persone si sono unite al nostro gruppo, e ora abbiamo piani ambiziosi per il futuro.

Deep Philosophy come approccio

L'approccio che chiamiamo Deep Philosophy nasce dall'anelito alla realtà, alla verità e all'autenticità, o, in altre parole, dall'anelito ad entrare in contatto con il fondamento della vita e della realtà. L'esplorazione dei temi fondamentali della vita rientra nel dominio della filosofia, ma la filosofia tradizionale, di solito, conduce questa ricerca in modo astratto e distaccato. La filosofia che troviamo nelle università non soddisfa l'anelito a cogliere la vita nella sua realtà.

La Deep Philosophy è una forma di filosofia che, rifiutando di rimanere su un piano astratto, cerca di cogliere la realtà in modo personale. Come molte altre attività umane, anch'essa non può essere racchiusa in una semplice definizione. Possiamo però caratterizzarla approssimativamente nel modo seguente: fare Deep Philosophy è riflettere su questioni fondamentali della vita e della realtà a partire dalla nostra profondità interiore, in "insiemità" con i nostri compagni.

Quella di "profondità interiore" è ovviamente una metafora e, sebbene a parole sia difficile da definire, è facile comprenderla interpellando la nostra esperienza personale. Quasi tutti noi viviamo momenti in cui un'intuizione o una comprensione ci appare alla mente, commuovendoci e stimolandoci. L'intuizione in sé, magari non molto brillante né nuova, viene percepita come diversa dai pensieri ordinari, risultando preziosa, commovente, esaltante. Essa può apparire come inaspettata e sorprendente, come se provenisse non da noi stessi, non dalla nostra mente ordinaria, bensì da una parte diversa del nostro essere, da una qualche fonte nascosta dentro di noi, più primordiale ed essenziale. Può essere anche accompagnata da un senso di silenzio interiore, di stupore e meraviglia, di realtà, o di pienezza. Chiaramente, una dimensione diversa del nostro essere è stata toccata e risvegliata.

Questo è, a grandi linee, l'esperienza del comprendere dalla nostra *profondità interiore*. Possiamo dire, quindi, che la profondità interiore è un aspetto del nostro essere che si trova al di là del nostro stato mentale ordinario, e che va oltre i nostri normali modelli psicologici di pensiero, oltre i normali modi di sentire. Più specificamente, è un aspetto centrale del nostro essere, una fonte interiore di comprensione o di consapevolezza, che si proietta, quando viene risvegliata, su tutto il nostro essere. Allo stesso modo, sono *profonde comprensioni* quelle intuizioni che appaiono nella nostra profondità interiore e la risvegliano, anche se solo per un momento.

Le nozioni di profondità interiore e di comprensione profonda sono centrali nella Deep Philosophy. L'idea che guida il nostro gruppo è che sia possibile fare filosofia dalla nostra profondità interiore – che si possa cioè riflettere su questioni fondamentali della vita a partire da questa dimensione più profonda dentro di noi. Noi teniamo in gran conto fare filosofia dal "profondo", perché questo ha il potere di aprirci ad orizzonti di comprensione più ampi, posti al di là del nostro normale pensiero intellettuale, e di incidere profondamente sulla nostra vita, aiutandoci a percorrere la strada di una graduale trasformazione di ciò che siamo.

I pilastri della Deep Philosophy

Per perfezionare la nostra visione, abbiamo formulato quelli che chiamiamo i "pilastri" della Deep Philosophy, che sono le idee essenziali su cui questa si basa. Sono idee essenziali, perché se una qualsiasi di esse venisse a mancare, non si avrebbe più a che fare con la Deep Philosophy. È possibile formulare questi pilastri essenziali in modi differenti. Io propongo di considerarli come composti da cinque concetti: anelito alla realtà; profondità; dar voce; filosofia; "insiemità".

1. *Anelito alla realta'*: Io incontro il primo pilastro quando anelo alla verità, all'autenticità, al fondamento, o a ciò che è supremo, o – dato che queste parole sono state usate troppo spesso – a ciò che noi chiamiamo "realtà". Quando anelo alla realtà, non cerco esperienze piacevoli o una felicità che siano per me stesso, non cerco di soddisfare la mia curiosità o i miei interessi. Un anelito ha poco a che fare con la soddisfazione di desideri o bisogni. Esso è più simile all'amore che al desiderio. Come un amante che, adorando la sua amata (e non le proprie esperienze personali!), dona il suo cuore a lei, così io, quando anelo alla realtà, vado oltre me stesso e il mio interesse personale, verso ciò che è prezioso, reale, vero e fondamentale. Un anelito, come l'amore, è un atto di devozione, è un movimento oltre se stessi, è un dono di sé.

La Deep Philosophy nasce da questo anelito. Senza di esso – ossia solo con un mero desiderio di esperienze soddisfacenti – non vi può essere Deep Philosophy.

2. *Profondità interiore*: Percepisco la realtà in certi stati d'animo particolari, che sono fondamentalmente diversi dai momenti che vivo quotidianamente (anche se la distinzione tra i due modi non è netta, e a volte essi risultano mescolati fra loro). Questi stati speciali hanno una particolare qualità di unità interiore, di presenza intensa, di pienezza. Essi coinvolgono tutto il mio essere e non semplicemente un pensiero o un sentimento isolati, e io li esperisco come provenienti da una fonte sconosciuta, posta dentro di me, oppure al di fuori del mio io abituale. Spesso sono accompagnati da un senso di preziosità, di pienezza, di realtà. Rispetto ad essi, i momenti ordinari sono frammentati, semi-coscienti, insignificanti.

In questo senso, si tratta di esperienze speciali non solo per *ciò che* sperimento, bensì per *come* le sperimento: vale a dire per *dove*, dentro di me, io le esperisco – ossia, quale "dimensione" del mio essere si attiva. Noi denominiamo questa dimensione – che di solito è dormiente, e che si risveglia solo in questi momenti speciali – "profondità interiore".

La distinzione tra ciò che è profondo e ciò che è superficiale è cruciale per la Deep Philosophy, perché ci suggerisce che dobbiamo cambiare i nostri normali stati mentali. Poiché essi non sono sufficienti, per fare Deep Philosophy dobbiamo usare metodi – contemplativi, poetici, ecc. – per modificarli.

3. *Pensare "da" (dare voce)*: Quando siamo alla ricerca della realtà, il nostro scopo non è solo quello di sentire e di sperimentare, ma anche quello di pensare e di capire. Il nostro percorso, infatti, è filosofico, il che significa che si basa sulla comprensione di idee. Non c'è niente di sbagliato nel compiere esperienze profonde senza che vi sia comprensione, come accade nella meditazione o nella musica spirituale; questo, però, non è Deep Philosophy.

Il nostro normale pensiero discorsivo, tuttavia – costituito dal teorizzare, l'analizzare, l'esprimere opinioni, il discutere – non è appropriato al nostro scopo, poiché attiva solo una specifica funzione intellettuale della nostra mente, senza coinvolgere la nostra profondità interiore. Il pensiero discorsivo ha la struttura del "pensare a" qualche oggetto di pensiero (reale o immaginario, concreto o astratto, presente o passato). Parlando in forma metaforica, io pongo davanti alla mia mente un oggetto di pensiero e lo osservo come se fossi un osservatore esterno. Un tale rapporto all'oggetto di pensiero significa che io sono separato dalla realtà che sto esaminando, così che ne rimango distante e non coinvolto. In questo modo, però, non riesco ad entrare in contatto con la realtà – che è l'obiettivo della Deep Philosophy – bensì mi limito solo a pensare "a" essa, standone, con ciò, a distanza e all'esterno. Così, finché "penso a" e "parlo di" (ossia in modo discorsivo), non penserò a partire dalla mia profondità interiore, né potrò mai fare Deep Philosophy.

L'alternativa è quella di pensare "dalla" realtà della nostra profondità interiore, anziché "di" essa. Si ha qui a che fare con un tipo di pensiero assai differente. Metaforicamente, io qui non "ispeziono" con la mia mente la realtà, ma, piuttosto, "ascolto" il modo in cui la realtà stessa risuona dentro di me e si esprime in me. In altre parole, penso e parlo a partire dalla mia realtà, dando voce ad essa e lasciando che si manifesti dentro di me.

4) *Filosofia*: Ci sono diversi modi di usare le parole per entrare in contatto con la realtà. Tra questi, vi sono la poesia e il mito. La nostra via, però, è filosofica, il che significa che non abbiamo come obiettivo semplicemente quello di sperimentare la realtà, bensì quello di comprenderla. Noi, pertanto, lavoriamo con le idee filosofiche e con la comprensione, che sono un potente mezzo per esplorare la realtà fondamentale. Una pratica che non tenti di comprendere la realtà in modo filosofico non è Deep Philosophy, per quanto essa possa avere valore.

Per una comprensione filosofica della realtà, dobbiamo parlare e pensare nel linguaggio della realtà fondamentale. Tale linguaggio non può essere circoscritto a cose specifiche, a persone specifiche, a fatti o a eventi specifici; tutti questi, infatti, sono solo oggetti "a cui" io penso. Il linguaggio della realtà fondamentale è costituito dall'insieme delle idee fondamentali, prima che esse possano essere oggettivate in oggetti specifici – e questo è proprio il linguaggio della filosofia. La Deep Philosophy, quindi, è un'esplorazione filosofica – un discorso – che utilizza un "pensare da" una profondità interiore.

In questa esplorazione, io metto in gioco sia le mie profonde comprensioni – la mia "voce" – sia le voci dei miei compagni e dei filosofi del passato. Non mi limito dunque a considerare solo il modo in cui la realtà risuona in me personalmente, ma accolgo anche il modo in cui essa risuona nella realtà umana in generale.

5) *"Insiemità"*: È possibile praticare la Deep Philosophy individualmente, attraverso la contemplazione individuale. Questa pratica, però, ha i suoi limiti. Finché rimarrò chiuso in me stesso e nel mio mondo – finché mi manterrò all'interno dell'ambito delle mie idee, non sarò mai in grado di uscire da me stesso per prendere parte ai più ampi

orizzonti di comprensione della realtà. Nella Deep Philosophy mi pongo pertanto in una condizione di "insiemità" di pensiero, in modo da non essere più l'unico creatore e proprietario di ciò che penso. In tal modo entro in risonanza sia coi miei compagni, sia con un filosofo. Il mio pensiero diviene così parte di un orizzonte più ampio, di una polifonia più ricca, di una realtà più completa.

Questi cinque pilastri possono sembrare una dottrina, ma in realtà non compiono alcuna affermazione sulla vita o sulla realtà. Per noi, essi sono strumenti che ci orientano nel nostro lavoro. Sono mezzi che ci aiutano a portare avanti la nostra esplorazione in modo aperto e senza fine. Non ci si aspetta infatti che i membri del nostro gruppo li abbraccino come dogmi. Essi servono come indicatori della direzione generale verso cui ci stiamo dirigendo insieme, e sappiamo che in futuro potrebbero cambiare, mano a mano che proseguiamo nel nostro cammino. In quanto tali, questi cinque pilastri non sono per noi un punto di arrivo, ma dei "semi" destinati ad un ulteriore arricchimento e sviluppo.

LA NASCITA DELLA DEEP PHILOSOPHY

Michele Zese

Il gruppo Deep Philosophy nasce durante un ritiro filosofico-contemplativo tenutosi a Brando, dopo alcuni giorni di intensa attività. In questo capitolo vorrei descrivere come ha avuto inizio la nostra storia.

La nascita dell'idea
Torno indietro di qualche mese, a un precedente evento filosofico che si era tenuto alla fine di aprile 2017. Ran Lahav, con l'aiuto di Stefania Giordano, aveva organizzato un ritiro filosofico-contemplativo in Liguria. A quel tempo sapevo ben poco della contemplazione filosofica, ma ero rimasto affascinato da tale idea dal momento in cui avevo partecipato a una conferenza di Ran Lahav svoltasi a Torino nel 2016. Così, quando mi capitò di vedere un annuncio su Facebook che pubblicizzava il ritiro ligure, decisi di parteciparvi.

Fui sorpreso quando venni a sapere che Ran aveva trovato una piccola casa appartenente ad amici di amici, non molto lontano dalla mia città natale. La casa era circondata da boschi e si trovava in una bellissima zona montuosa. Ricordo vividamente quanto fu difficile arrivarci. Quando capii dove fosse situata, parcheggiai l'auto sul ciglio di una stradina di campagna e iniziai a percorrere un ripido vialetto che scendeva tra alberi e cespugli. Dopo una decina di minuti raggiunsi la casa. Rimasi subito impressionato dall'atmosfera di pace che vi si respirava. Tutti i partecipanti al ritiro parlavano e si comportavano mantenendo uno stato d'animo contemplativo – il che era per me, allora, qualcosa di completamente nuovo.

Fu durante questo ritiro che feci il mio primo incontro con Ran e Stefania, e fu allora che iniziammo a discutere della possibilità di organizzare un nuovo ritiro nel nord Italia. Venni a sapere che Ran cercava un luogo diverso in cui poter svolgere il ritiro, e così gli suggerii di usare la casa di mio nonno, nel borgo di Brando, non lontano da Torino. Meno di cinque mesi dopo, l'idea divenne realtà, quando fu organizzato a Brando un secondo ritiro filosofico-contemplativo a cui presero parte quasi venti partecipanti, provenienti da diversi paesi del mondo.

Brando è un piccolo borgo in Piemonte, ai piedi delle Alpi. La sua posizione è ideale per questo tipo di ritiri. È composto da una manciata di case circondate da boschi. È un luogo comodamente raggiungibile anche da viaggiatori che giungono da lontano, in treno o in aereo, dato che si trova a meno di due ore di distanza dalle città di Torino e Milano; nello stesso tempo, però, è immerso in un paesaggio tranquillo e sereno.

La struttura delle sessioni

Il ritiro iniziò il giovedì mattina del 30 agosto 2017. L'attività era intensa. Ogni giorno tenevamo una sessione mattutina e una sessione pomeridiana. Le sessioni avevano la struttura della compagnia filosofico-contemplativa, sviluppata qualche anno prima da Ran Lahav e sperimentata in eventi tenutisi in precedenza in diversi altri paesi del mondo.

Ogni sessione aveva inizio con la lettura di un breve testo filosofico e con un esercizio di riflessione svolto in "insiemità" sul testo stesso, utilizzando ciò che noi chiamiamo "lettura interpretativa" – una procedura semi-contemplativa che permette di entrare in risonanza col testo e con le idee degli altri partecipanti. Dopo circa 30 minuti, quando tutti avevano compreso il testo, veniva svolto un esercizio di centratura di circa 10 minuti – utile per entrare in uno stato mentale contemplativo. Il cuore della sessione arrivava successivamente: si trattava di una contemplazione di gruppo di circa un'ora. Qui aveva inizio la fase di contemplazione in "insiemità" dalla nostra profondità interiore, condotta sulle idee che avevamo trovato nel testo, per mezzo di procedure ed esercizi di vario tipo. Dopo la contemplazione, i partecipanti venivano invitati a collegare il testo a un'esperienza personale; ciò permette infatti di arricchire la comprensione sia del testo, sia di se stessi. La sessione si concludeva con un breve esercizio, in cui i partecipanti riflettevano su quanto era accaduto durante la sessione.

Non è un caso che sia stata scelta questa struttura per le nostre sessioni. Esse, infatti, sono progettate appositamente per permettere ai partecipanti di entrare nel giusto atteggiamento mentale. Le persone, di solito, hanno bisogno di tempo per lasciarsi alle spalle una quotidianità piena di impegni di ogni tipo ed entrare in uno stato d'animo contemplativo. La semplicità della struttura aiuta i partecipanti a liberarsi la mente dai pensieri e dalle immagini che la affollano e a concentrarsi – entrando così in uno stato mentale non più fluttuante. In un ritiro filosofico-contemplativo è dunque importante rispettare il silenzio in ogni momento, mantenendo la mente concentrata su se stessa e in una condizione riflessiva.

Tuttavia, avere un corretto atteggiamento mentale costituisce solo una parte del lavoro filosofico-contemplativo. Se si vuole che la contemplazione sia di natura filosofica, devono essere utilizzati problemi e idee che siano in sé filosofici. Per questo motivo in ogni sessione usiamo, come punto di partenza, un breve testo filosofico che di solito è un estratto di una o due pagine di un'opera filosofica. Il testo scelto per la sessione ci aiuta sia a far convergere l'attenzione dei partecipanti su una questione fondamentale della vita, sia ad arricchire il discorso, offrendo alcune idee filosofiche come materiale su cui lavorare.

Le nostre sessioni

Nella prima sessione del giovedì mattina, guidata da Ran, il brano utilizzato era tratto dall'opera *Saggio sui dati immediati della coscienza*, di Henri Bergson.[1] Abbiamo scelto di partire da questo testo specifico perché tratta di un elemento importante per la contemplazione filosofica, ossia della profondità del sé. Secondo Bergson, molte idee presenti nella nostra mente «galleggiano in superficie, come foglie morte sull'acqua di uno stagno». Tali idee, di solito, rimangono stabili e immutate nel tempo, come se non facessero parte della nostra mente. A lungo andare, esse iniziano a formare una «spessa crosta», che è all'origine di gran parte del nostro comportamento automatico e irrazionale. Quando diamo a queste idee esterne la possibilità di prendere il controllo su di noi, crediamo di agire liberamente, mentre, in realtà, si tratta solo di un'illusione. A volte

---

1. Henry Bergson, *Saggio sui dati immediati della coscienza*, Raffaello Cortina Editore, Milano 2002.

accade, però, che qualcosa di nuovo si muova dentro di noi – qualcosa che, iniziando a spingere contro questa crosta superficiale, arriva, talvolta, ad attraversarla e ad apparire, così, in superficie – in altre parole, ad entrare nel campo della nostra consapevolezza.[2] Come conseguenza, potremmo forse agire contro quella che prima consideravamo la migliore scelta razionale, oppure potremmo sperimentare un profondo cambiamento nel modo in cui vediamo la vita.

Perché il testo di Bergson è per noi importante? Lo è, poiché un obiettivo fondamentale della nostra attività filosofico-contemplativa è quello di permettere ai partecipanti di andare oltre il loro io ordinario – oltre il livello superficiale di idee descritto da Bergson. Ciò che rende la nostra pratica diversa dal discorso filosofico ordinario è che facciamo filosofia con la nostra profondità interiore, ossia riflettendo e comunicando in modo filosofico non soltanto per mezzo di ragionamenti logici e capacità analitiche, ma con un pensiero che nasce da un profondo punto di vista interiore.

Tornando al ritiro, nel secondo giorno veniva affrontato un altro argomento importante all'interno delle attività di gruppo riguardanti la contemplazione filosofica: le relazioni che instauriamo con l'altro.

---

2. Ibid.

Come di consueto, la giornata era divisa in una sessione mattutina e in una pomeridiana, ognuna delle quali consisteva in una seduta di contemplazione. I testi delle due sessioni erano stati tratti dal sito web Agora (philopractice.org/web), che offre un'ampia selezione di brevi testi filosofici riguardanti una varietà di argomenti di interesse comune. I due testi, dei filosofi Emmanuel Levinas e Martin Buber, erano stati selezionati per offrire, sullo stesso tema, due prospettive filosofiche differenti l'una dall'altra.

Nella sessione mattutina utilizzavamo brani presi dal libro di Martin Buber *Io e tu*,[3] in cui si spiegava, con un linguaggio poetico, che vi sono due tipi di relazione che si possono avere con gli altri: la relazione io-tu – un rapporto di "insiemità" – e la relazione io-esso – un rapporto distaccato e oggettivante. Queste relazioni, secondo Buber, sono più fondamentali dell'io stesso, poiché non esiste un sé che non sia in relazione.

Dopo la lettura del testo, ripetuta più volte secondo la procedura della "lettura interpretativa" in modo da assicurarsi che tutti lo capissero, e dopo un successivo esercizio di centratura, aveva inizio l'attività di contemplazione. A tale scopo – come

---

3. Martin Buber, *Io e tu*, in *Il principio dialogico e altri saggi*, San Paolo, 1993.

accade sempre in questa fase – venivano scelte alcune frasi significative, che il gruppo ripeteva più volte, una ad una, nella pratica della *ruminatio* – che abbiamo preso in prestito dalla tradizione monastica. È qui che si verificarono alcuni dei momenti più forti della sessione. In questo esercizio infatti – che forse, all'inizio, può sembrare noioso – i partecipanti concentrano a lungo la loro attenzione su una stessa frase e sui concetti che essa esprime. In questa fase nascono di solito profonde comprensioni, dovute al bagaglio personale di esperienze passate che ognuno di noi porta con sé. Per rendere più profonda tale esperienza, ai partecipanti alla sessione veniva chiesto di ricollegare tali intuizioni e idee a un'esperienza personale avuta di recente, e poi di riportare al resto del gruppo il risultato di tale associazione, per mezzo di frasi brevi e concise, nella procedura che noi chiamiamo "parlare prezioso". Come risultato si otteneva che la personale comprensione di sé e delle idee del testo risultava più profonda ed arricchita.

A conclusione della sessione mattutina venne disegnata, su un foglio di carta posto al centro del cerchio dei partecipanti, quella che noi chiamiamo "mappa dei concetti" – uno schizzo che, rappresentando graficamente la rete di idee che è stata contemplata, rafforza nella mente dei partecipanti l'esperienza che hanno vissuto. Prima di concludere la sessione, poi, i partecipanti condividevano col gruppo i momenti preziosi di cui avevano fatto esperienza durante la sessione.

Nel pomeriggio dello stesso giorno, Stefania Giordano guidò una sessione su un frammento del saggio di Emmanuel Levinas, dal titolo *Etica come filosofia prima*.[4] Il punto di vista di Levinas sull'altra persona, molto diverso da quello di Buber, si concentra sulla responsabilità etica dell'io verso l'altro. «Prima e al di là di qualsiasi espressione particolare che copra e protegga l'altro con un qualche volto o espressione, c'è la nudità e la miseria in quanto tali. In altre parole, c'è l'esposizione estrema, l'inerzia, la vulnerabilità».

Così, mentre per Levinas il mio rapporto con l'altra persona è definito dalla vulnerabilità di quest'ultima e dalla mia fondamentale responsabilità nei confronti di essa, non è questo il caso di Buber. Avevamo scelto di proposito testi così diversi con l'obiettivo di proporre una pluralità di voci filosofiche. Infatti noi, nella contemplazione, vogliamo andare oltre l'accordo o il disaccordo con il testo. Quando adottiamo una prospettiva filosofica diversa dalla nostra per l'intera durata di una

---

4. Emmanuel Levinas e Adrian Peperzak, *Etica come filosofia prima*, a cura di Fabio Ciaramelli, Milano, Guerini e Associati, 2001. Il passo del testo originale di Levinas è stato semplificato per renderlo di più immediata comprensione.

sessione, sperimentiamo un modo diverso di guardare il mondo. È questo il motivo per cui le idee della storia della filosofia ci aiutano ad acquisire una comprensione di noi stessi e del nostro mondo che è, ad un tempo, più ricca e più varia.

Per il resto del ritiro, continuammo a tenere due sessioni al giorno su un argomento filosofico prescelto. Il giorno successivo, un sabato, l'argomento era l'amore. I testi usati erano del pensatore spagnolo Miguel de Unamuno (dalla sua opera *Del sentimento tragico della vita*) e del filosofo russo Vladimir Solovyov (da *Il significato dell'amore*). Mentre Unamuno intende l'amore in termini di commiserazione per la mortalità e la miseria umane, Solovyov lo considera invece come un mezzo per superare l'egoismo e la separazione che ci caratterizzano, nonché come una spinta verso l'unione con l'altro essere umano e con l'umanità in generale.

La domenica mattina, ultimo giorno del ritiro, l'argomento su cui convergeva la nostra attenzione era il pensiero. La mattina ero io a condurre una sessione su un testo di Krishnamurti. Per lui il pensiero è un elemento che separa l'essere umano dal presente, perché il pensiero è sempre legato al passato. Nel pomeriggio, invece, la riflessione aveva come suo punto di partenza un brano del filosofo francese Gabriel Marcel, in cui viene definita la natura delle idee profonde.

Devo aggiungere che durante il ritiro si tennero anche due sessioni sperimentali. In una di esse Mike Roth, un partecipante tedesco, mentre accompagnava il gruppo in una passeggiata contemplativa, leggeva alcuni paragrafi tratti da *L'unico e la sua proprietà* del filosofo tedesco Max Stirner.

Nella seconda sessione sperimentale ci dividemmo in piccoli gruppi, ognuno dei quali drammatizzava un testo filosofico. Questi esperimenti ci insegnarono che vi sono molti modi in cui si può essere coinvolti e trasformati da un testo filosofico.

La fondazione del gruppo Deep Philosophy

La domenica – l'ultimo giorno del ritiro – sapevamo che non eravamo giunti davvero alla fine. Sentivamo che qualcosa di nuovo era appena nato. Il lunedì mattina sei dei partecipanti erano ancora a Brando: i tre organizzatori (Ran Lahav, Stefania Giordano e io) e altri tre che avevano preso parte al ritiro (Regina Penner dalla Russia, Sebastian Drobny, che vive in Austria, e Monika Obermeier dalla Germania). Seduti attorno al tavolo di cucina, nacque in noi l'idea di formare un gruppo dedicato allo sviluppo di questo nuovo tipo di filosofia. Da allora non abbiamo più smesso di stare in contatto.

Il momento in cui vennero formulate per la prima volta le idee di base della Deep Philosophy fu durante questo primo ritiro di Brando; da allora, però, non abbiamo più smesso di elaborarle. Abbiamo continuato a sviluppare nel tempo sia le nostre attività pratiche, sia le nostre basi teoriche – compreso il tema della relazione tra la Deep Philosophy e la storia della filosofia. Sono stati tenuti ulteriori ritiri, sia a Brando che altrove, in cui è stato presentato il nostro metodo in conferenze e seminari; sono state anche organizzate sessioni online su Skype, rivolte a persone di tutto il mondo. Anche se secondo noi le attività svolte faccia a faccia sono più efficaci, poniamo molta enfasi sulle sessioni online, perché questo modello ci consente di continuare a incontrarci regolarmente nonostante le distanze geografiche e ci permette di coinvolgere tutti coloro che, in ogni parte del mondo, vogliano prendere parte alle nostre attività.

Nel 2019 ci sentivamo pronti ad aprire il nostro gruppo ad altri potenziali membri. Abbiamo perciò iniziato un percorso per "candidati" provenienti da diversi paesi, che prevedeva una formazione sia pratica che teorica. La maggior parte di loro ha ormai terminato il percorso ed è diventata membro del nostro gruppo. Grazie dunque alle naturali oscillazioni che ogni gruppo sperimenta, abbiamo raddoppiato il numero dei nostri membri, e ora siamo in regolare contatto con un'ampia cerchia di persone. Il nostro interesse non è quello di aumentare in dimensioni: non ci occupiamo di marketing o di pubblicità, poiché, non giudicandoci in termini di grandezza, ci sentiamo soddisfatti di come siamo. Tuttavia, l'interesse che le persone mostrano per le nostre attività sta rafforzando in noi la convinzione che la Deep Philosophy possa essere rilevante per tutti coloro che cercano di rendere la propria vita più ricca e profonda.

LA STRUTTURA DI UNA SESSIONE
Francesca D'Uva

All'origine della Deep Philosophy vi è l'anelito umano verso la Realtà ultima: un anelito che alberga in ciascuno di noi, seppure più o meno coscientemente. E quando cerchiamo la realtà, a volte vi abbiamo accesso, anche se solo per qualche istante.

Si potrebbe credere che questa ricerca appartenga al campo dell'indagine filosofica, perché il compito della filosofia è quello di esplorare la realtà; ma questo è impreciso. Le discussioni filosofiche sono spesso discorsive e analitiche, il che non è sufficiente a soddisfare il nostro anelito alla profondità. La filosofia discorsiva può solo pensare "a" ciò che è reale, ispezionandolo a distanza, come un osservatore esterno. Essa, però, non può servire a metterci in contatto col reale o a manifestarlo. Al contrario, nella Deep Philosophy cerchiamo di colmare la distanza tra teoria e realtà, entrando in relazione a quest'ultima tramite l'instaurazione di un contatto con la nostra profondità interiore. Noi realizziamo tutto questo, principalmente, entrando in risonanza con le "voci" dell'umanità che trovano espressione nel pensiero. Si tratta di un percorso di auto-trasformazione che apre, in noi, una nuova dimensione di comprensione della vita, a partire dalla nostra profondità interiore.

In questo percorso utilizziamo, generalmente, testi filosofici della tradizione occidentale. Un testo filosofico può essere visto come una traduzione, in idee universali, della dimensione della profondità. Tali idee, avendo il potere di risuonare negli abissi del nostro essere, danno l'avvio a un processo di auto-trasformazione.

Il nostro atteggiamento nei confronti di un testo filosofico è contemplativo. Attraverso la contemplazione, noi conduciamo la mente oltre le parole del testo, in una dimensione più profonda, da cui le parole stesse traggono la loro origine. Pertanto, leggendo il testo noi non cerchiamo di analizzarlo o criticarlo, bensì di entrare in risonanza con le voci che in esso si esprimono, così come con le voci dei nostri compagni contemplatori, in un dialogo polifonico e contemplativo che ha luogo nel gruppo.

Una sessione filosofico-contemplativa, sia online che dal vivo, è il nostro strumento per raggiungere questo obiettivo. Tuttavia, perché la sessione abbia successo bisogna che essa sia strutturata e gestita in modo appropriato. In questo articolo prenderò in considerazione le strutture delle sessioni filosoficocontemplative che abbiamo sviluppato nella Deep Philosophy.

I parametri generali di una sessione

Una sessione di Deep Philosophy è normalmente guidata da un membro del gruppo che funge da conduttore e si assicura che la sessione si svolga in modo appropriato. Il gruppo, di solito, è composto da un minimo di tre fino a un massimo di dodici partecipanti, e la sessione dura circa novanta minuti.

Le sessioni possono essere tenute online o faccia a faccia. Le sessioni online sono solitamente condotte attraverso la piattaforma Skype e con l'aiuto dell'interfaccia di Google Documenti, che fornisce uno spazio comune per la scrittura. Il faccia a faccia è generalmente utilizzato negli incontri singoli, oppure nei ritiri filosofici che vengono periodicamente organizzati dal gruppo Deep Philosophy. In tutte queste modalità viene seguita una struttura simile. Sebbene il senso di intimità fra i membri del gruppo possa essere maggiore in incontri faccia a faccia, il risultato ottenuto rimane lo stesso in entrambe le modalità.

Il primo compito del conduttore della sessione è quello di selezionare un testo filosofico sul quale il gruppo possa svolgere l'attività di contemplazione. Il testo, da scegliere con cura, deve essere abbastanza ricco da prestarsi alla contemplazione e deve contenere in sé le impronte della profondità che cerchiamo nella Deep Philosophy, disseminata tra le parole filosofiche. Particolarmente utili sono i testi filosofici che si occupano di auto-trasformazione, poiché esprimono la comprensione della divisione tra la dimensione superficiale della nostra vita e la nostra dimensione più profonda, la quale costituisce la nostra realtà. La dimensione superficiale è quella che sperimentiamo nella nostra vita quotidiana, mentre quella più profonda appare solo in momenti speciali – solitamente brevi ma significativi; sono questi i momenti che nella Deep Philosophy ci si propone di creare.

Il conduttore accompagna il gruppo attraverso la contemplazione del testo, in un percorso strutturato ma flessibile. Dato che un testo può essere usato in modi differenti, con esso possono enfatizzare questioni differenti, così come si possono far nascere differenti interazioni ed effetti di risonanza. Conduttore, gruppo e testo creano, assieme, lo spazio filosofico all'interno del quale si apre la porta per la profondità e la realtà interiori dei partecipanti.

La struttura di una sessione

Anche se le sessioni sono flessibili, esse seguono, in genere, uno schema simile: un esercizio di centratura, un esercizio di comprensione del testo, un'attività di contemplazione, un esercizio silenzioso, una chiusura, e, infine, una meta-conversazione.

Una sessione inizia generalmente con un breve esercizio di centratura diretto dal conduttore. Il ruolo di questo esercizio è quello di separare lo scorrere della vita quotidiana dallo spazio tranquillo, quasi sacro, che è necessario per la contemplazione filosofica. Esso, di solito, non dura più di cinque minuti. Ai partecipanti viene chiesto di sedersi comodamente e di chiudere gli occhi. La voce del conduttore farà il resto, guidando i partecipanti nella concentrazione sul proprio respiro, sulle parti del corpo o su alcune immagini che devono essere visualizzate mentalmente.

Nella fase successiva, i partecipanti si concentrano sul testo filosofico, selezionato dal conduttore della sessione. Prima della fase contemplativa, si devono però comprendere le idee del testo. Ciò avviene di solito grazie all'esercizio semi-contemplativo della "lettura interpretativa", nella quale i partecipanti leggono il testo sezione per sezione (ciascuna sezione è letta più volte), aggiungendo alcune brevi interpretazioni. In questo modo si ampliano e arricchiscono i significati che via via vengono individuati nel testo. Allo stesso tempo, la lettura ripetuta di ogni brano crea una sorta di canto, che segna l'inizio dell'atmosfera contemplativa. Questo esercizio dura solitamente dai trenta ai quaranta minuti. Se il testo è difficile e richiede ulteriori chiarimenti, chi conduce la sessione può fare svolgere l'esercizio della "mappa delle idee", in cui i partecipanti tracciano graficamente i concetti principali del testo e le loro interrelazioni.

Ora che il testo è chiaro e la mente è tranquilla e concentrata, arriva il momento di immergersi nella parte contemplativa della sessione che, di solito, dura circa mezz'ora. Spesso il conduttore inizia con alcuni giri di un esercizio contemplativo chiamato "ruminatio", consistente nella lettura, ripetuta più volte come un mantra, di una frase selezionata. Un altro esercizio contemplativo che può essere effettuato dopo la "ruminatio" è il "parlare prezioso". Qui, il conduttore chiede ai partecipanti di completare una frase utilizzando il cosiddetto "parlare prezioso" – un parlare fatto di parole selezionate e articolate con cura, senza ridondanze – entrando in risonanza sia col testo, sia gli uni con gli altri. La ripetizione, la risonanza, nonché la scelta accurata delle parole, creano un'esperienza intensa di ascolto interiore che dà spesso origine a profonde intuizioni.

Dopo la fase contemplativa, il gruppo continua con un esercizio silenzioso, pensato per far giungere al linguaggio le profonde intuizioni che ogni partecipante ha sperimentato. L'esercizio può assumere diverse forme: ad esempio, si può invitare ciascuno dei partecipanti a scrivere un paio di versi poetici, che poi vengono fatti combinare in una poesia di gruppo. Ciò permette a tutti di rendere partecipe il gruppo di esperienze e intuizioni, creando, allo stesso tempo, una polifonia di voci. In un ritiro filosofico, questa fase può essere seguita da un'attività silenziosa come, ad esempio, una tranquilla passeggiata filosofica o la realizzazione di un disegno. Questo momento permette ad ogni partecipante di avere a disposizione uno spazio individuale di riflessione interiore e di solitudine; esso può essere seguito da un'ultima parte, in cui si raccontano esperienze e pensieri.

La sessione è così giunta al termine. Per riassumerla e concluderla, il conduttore chiede ai partecipanti di esprimere liberamente ciò che rimane loro della sessione conclusa, come, ad esempio, impressioni generali, idee e intuizioni, oppure esperienze che sono affiorate loro alla mente durante la contemplazione.

Il conduttore dichiara ora che la sessione è terminata; questi, tuttavia, può invitare i partecipanti a mettere da parte la sessione e a pensare "a" essa. Questa cosiddetta meta-conversazione ha un duplice scopo: far conoscere al conduttore le reazioni dei partecipanti e aiutare il gruppo Deep Philosophy a pensare al futuro sviluppo delle sue attività.

Normalmente, le diverse fasi di una sessione dovrebbero seguire l'una all'altra senza interruzioni. In una buona sessione, ogni elemento è esattamente dove dovrebbe essere, distinto eppure unito agli altri, in un tutto unico.

Diverse forme di sessione

Nel gruppo Deep Philosophy abbiamo sviluppato diversi tipi di sessioni, ognuna centrata su un obiettivo diverso e, di conseguenza, avente una sua struttura specifica. I tipi sono i seguenti: sessioni di contemplazione, sessioni di comprensione del testo, sessioni di racconto di esperienze personali e, infine, sessioni di "voicing". Anche se tutte queste contengono gli stessi elementi di base – contemplazione, comprensione e racconto di esperienze personali – ognuna di esse mette in risalto un elemento più di altri.

a. *Sessioni di comprensione*. Questo tipo di sessione ha lo scopo di chiarire il testo selezionato e di esplorarne le idee di base. Anche se ciò richiede un certo grado di pensiero analitico, il gruppo qui mantiene ancora uno stato mentale semi-contemplativo. Gran parte della sessione è dedicata ad esercizi semi-contemplativi che si concentrano sul paesaggio concettuale del testo.

La sessione di solito inizia (possibilmente dopo l'esercizio di centratura) con un giro di lettura del testo, cui segue la cosiddetta "lettura interpretativa". Come spiegato in precedenza, la lettura interpretativa è un esercizio in cui i partecipanti esaminano il testo sezione dopo sezione, leggendo una sezione alla volta e aggiungendo brevi interpretazioni. In questo modo si arriva a comprendere il significato superficiale del testo. Si è pronti ora a immergersi in esso per capirne, in modo più approfondito, il paesaggio concettuale.

Per far ciò, il conduttore seleziona diversi concetti-chiave o alcune frasi, e poi invita i partecipanti a riflettere su questo materiale, utilizzando uno o più esercizi ideati per questo scopo. Ad esempio, l'esercizio di "ruminatio", menzionato in precedenza (leggere più volte una frase selezionata, ripetendola come in un canto) aiuta a creare uno stato d'animo contemplativo che rende attenti ai significati nascosti. In un altro esercizio, i partecipanti entrano in risonanza con un passo del testo pronunciando frasi nel modo del "parlare prezioso": frasi brevi e concise, in cui ogni parola è trattata come preziosa ed è accuratamente selezionata. In alternativa, il conduttore può presentare ai partecipanti alcune frasi incomplete, che essi devono poi completare in modo spontaneo nel "parlare prezioso", dando così voce alla propria personale comprensione del testo. Un'altra possibilità è un esercizio in cui i partecipanti costruiscono frasi contrarie a quanto è espresso nel testo – chiamato esercizio "in opposizione a". Ciò aiuta a chiarire il punto di vista del testo, contrapponendolo a modi alternativi di affrontare la questione.

Una sessione di comprensione si conclude generalmente con un giro finale in cui i partecipanti sono invitati a riportare una frase che li ha incuriositi e stimolati a riflettere profondamente.

b. *Sessioni di contemplazione.* L'obiettivo di una sessione di contemplazione è quello di creare una profonda e potente esperienza di contemplazione della propria profondità interiore, tramite l'ascolto, rivolto verso l'interiorità, di intuizioni profonde. Gran parte dell'attività di tali sessioni è perciò dedicata ad esercizi contemplativi che impiegano la contemplazione silenziosa e l'attenzione interiore.

La sessione può iniziare con un esercizio di centratura, il quale favorisce la concentrazione interiore e il silenzio. Seguono diversi cicli di ruminatio (lettura ripetuta di una frase selezionata, in modo simile a un canto) o un esercizio di completamento della frase nel modo del "parlare prezioso" (brevi frasi concise). L'enfasi qui non è posta sulla comprensione dei dettagli del testo, bensì sull'ascolto interiore del modo in cui il testo parla a noi. Per questo motivo, ai partecipanti viene chiesto di pensare e parlare "dal" testo, invece che "di" esso. A volte, al gruppo viene concesso qualche minuto in cui, in silenzio, si possano leggere parti del testo, dolcemente e con molta lentezza, in quella che chiamiamo "lettura dolce". Ne risulta un'atmosfera di particolare quiete e concentrazione.

Per concludere la sessione, si chiede ai partecipanti di riflettere sull'intera sessione, richiamando alla memoria le intuizioni ricevute durante la stessa e riferendole al resto dei partecipanti nel "parlar prezioso". Può anche essere impiegato un esercizio di scrittura di una poesia, poiché il pensiero poetico, aiutando la mente ad ascoltare in silenzio il suono delle parole e il loro preciso significato, consente di mettersi in ascolto con la profondità interiore. In questa occasione si può usare anche un esercizio consistente nello scrivere una "poesia di gruppo": ogni partecipante dà voce alle proprie intuizioni scrivendo due versi poetici. Le coppie di versi scritte dal gruppo vengono poi combinate assieme alle altre in un'unica poesia, che i membri del gruppo leggono insieme, entrando in risonanza con essa in modo personale. Attraverso le loro voci e le loro esperienze, il gruppo diventa un tutt'uno nella poesia.

c. *Sessioni centrate sull'esperienza personale*. l'obiettivo di queste sessioni è quello di collegare le nostre esperienze di contemplazione alla vita quotidiana. In tal modo, infatti, le intuizioni che scaturiscono dal profondo non rimangono isolate dal vissuto individuale, bensì trovano in esso nuova linfa e si arricchiscono. A tale scopo, in questo tipo di sessione i partecipanti, dopo aver ricordato momenti rilevanti della loro vita quotidiana, li mettono in relazione con le intuizioni profonde che sono emerse dal testo.

La sessione inizia col consueto esercizio di centratura e con quello di lettura interpretativa del testo. Ad essi possono seguire diversi cicli di "parlar prezioso" (brevi frasi concise) che ruotano attorno ad alcuni concetti e frasi principali più importanti, suggeriti dal conduttore della sessione; anche la ruminatio (ripetizione simile ad un canto) di frasi rilevanti può essere utilizzata. Il conduttore chiede quindi ai partecipanti di ricordare un'esperienza personale che entra in risonanza col testo. L'esperienza non deve essere sensazionale o speciale; al contrario, sono preferibili piccole esperienze della vita quotidiana.

Dopo alcuni secondi di riflessione silenziosa, i partecipanti sono invitati a raccontare le esperienze rammentate, con parole concise e attentamente selezionate. È importante sottolineare che non viene loro chiesto di parlare "di" queste esperienze ("ricordo che mi ha meravigliato il fatto che...") né di descriverle in dettaglio, bensì di parlare "da" queste esperienze, come se le parole emergessero dall'esperienza stessa, mentre essa accade ("vedo che mi sta guardando, e ciò mi meraviglia..."). Quando un'esperienza è stata raccontata, i partecipanti sono invitati a entrare nell'esperienza dell'altro e a immaginarsi nella posizione di quest'ultimo. Ciascun partecipante entra in risonanza con l'esperienza dell'altro nel modo del "parlar prezioso", come se fosse la propria. Lo scopo è quello di arricchire l'esperienza originale, aggiungendovi ulteriori particolari, significati e valori.

A conclusione della sessione si può usare un esercizio di scrittura poetica, poiché il pensiero poetico ci aiuta ad ascoltare in silenzio la nostra profondità interiore. A questo proposito, può essere utilizzato l'esercizio di "poesia di gruppo", in cui ogni partecipante scrive due versi poetici, che vengono poi combinati in una poesia più lunga. In alternativa, ogni partecipante può semplicemente riferire che cosa ha ottenuto dalla sessione.

d. *Sessioni di voicing*. L'obiettivo delle sessioni di voicing ("dare voce") è quello di far sì che i partecipanti trovino in se stessi una intuizione profonda e poi la sviluppino pienamente, dandole voce. La sessione inizia, come le altre, con un esercizio di centratura e uno di lettura interpretativa del testo, a cui possono seguire alcuni cicli di ruminatio, come pure l'esercizio di completamento della frase utilizzando il "parlare prezioso".

Il passo successivo è il cuore della sessione. I partecipanti ora rimangono in silenzio per diversi minuti, lasciando che la mente scorra dolcemente le parole del testo e ascoltando dentro di sé i significati e le intuizioni che possono sorgere nella coscienza, seguendoli nel loro sviluppo. Si può ricorrere anche alla "scrittura dolce" – consistente nello scrivere su un foglio di carta con attenzione, lentamente e con grazia. Mentre leggono e scrivono con dolcezza, i partecipanti alla sessione mantengono la quiete interiore e allentano il controllo della mente pensante – opponendosi così alla sua tendenza a imporre le proprie opinioni e interpretazioni. Possono anche gustare parole o notare frasi che attirano la loro attenzione, ascoltando ciò che esse hanno da dire loro.

Più volte, durante la sessione, i partecipanti si scambiano alcune delle loro intuizioni, ma in un linguaggio essenziale e prezioso, senza cercare di dare un resoconto completo di quello che è successo loro, bensì solo accennando velocemente alla loro esperienza interiore. Per concludere la sessione, ognuno è invitato a riportare agli altri le esperienze avute durante la sessione. Poiché l'atmosfera è particolarmente contemplativa e quieta, è meglio chiudere la sessione riducendo al minimo il parlato.

Conclusione

Ho descritto qui a grandi linee la normale struttura delle sessioni di Deep Philosophy. Ovviamente, ci sono molte possibili variazioni, commistioni, stili personali, così come ulteriori elementi che possono essere aggiunti – ma tutto ciò va oltre lo scopo di questo mio scritto. Vorrei sottolineare che il mio resoconto non è affatto definitivo. La Deep Philosophy è in continuo sviluppo e, ogni tanto, nascono nuovi esercizi e nuovi modi di strutturare una sessione. Infatti, noi siamo dei cercatori sempre in cammino, senza il possesso di una dottrina finale. Il processo continuo di esplorazione e scoperta è una parte essenziale di ciò che è la Deep Philosophy.

Noi, inoltre, riconosciamo e teniamo in considerazione le differenze individuali. Ognuno di noi è una persona unica, che incontra un dato testo o una data sessione dalla prospettiva della propria unica esperienza di vita. La ricchezza polifonica delle molteplici voci dell'umanità è un tesoro prezioso che non dovrebbe essere soppresso in nome di qualche dogma unificato. Pertanto, a differenza di discipline come lo yoga o le arti marziali, noi non cerchiamo di imporre ai nostri praticanti un modo "corretto" di far pratica. Le nostre idee e i nostri metodi sono sempre solo dei punti di partenza per un viaggio personale di esplorazione, che diventa ricco e significativo quando, limitando la nostra tendenza a giudicare e valutare rapidamente, ci lasciamo trasportare dalle dinamiche polifoniche del gruppo, sperimentando la nostra "insiemità" filosofica e lasciando che tutto penetri dolcemente nelle profondità del nostro essere.

PROCEDURE PER LO STUDIO DI TESTI

Massimiliano Bavieri

L'uso di testi filosofici nella Deep Philosophy

Il nostro obiettivo, in una sessione di Deep Philosophy, è quello di contemplare idee filosofiche a partire dalla nostra profondità interiore, per far sì che nuove comprensioni emergano da una dimensione più profonda del nostro essere. Il problema è che è molto difficile, per chi contempla, riuscire a concepire idee penetranti quando il tempo a disposizione è limitato. È proprio per questo che, in ogni sessione contemplativa, il punto di partenza è un testo filosofico selezionato dalla storia della filosofia. Sebbene uno scritto filosofico esprima, normalmente, un'opinione particolare, ai contemplatori non si chiede di essere d'accordo con esso. Il testo fornisce solo il materiale da utilizzare, le idee da sviluppare o da modificare, nonché le immagini, le distinzioni e i concetti che potremmo voler utilizzare in modo personale. In più, uno scritto filosofico aiuta il gruppo a concentrare l'attenzione su un argomento e un punto di vista comuni (come, ad esempio, una determinata concezione dell'autenticità, oppure della morte, o della bellezza, o dell'amore); ciò crea un linguaggio condiviso che consente di entrare in comunicazione con gli altri. Inoltre, il testo serve anche a condurci, oltre i nostri pensieri abituali, verso nuove prospettive inesplorate sulla vita.

Una sessione di Deep Philosophy di solito è divisa in due parti: nella prima parte, il testo che è stato selezionato viene compreso; nella seconda parte, invece, ci si muove al di là di esso. Nella prima parte viene svolta una lettura in comune del testo, in modo da comprenderne le idee di base. Per questo scopo, spesso "entriamo in risonanza" con alcune sue parti, riformulandole o aggiungendovi qualcosa di nostro. Nella seconda parte andiamo oltre il testo, contemplando le idee in esso espresse e sviluppandole in modo personale. Qui può essere utilizzata la pratica del "dare voce", che consiste nell'esprimere la "voce" della nostra personale profondità interiore, indipendentemente dalla voce del testo.

Dare inizio a una sessione contemplativa con lo studio di un testo presenta una sfida particolare: la questione è come sia possibile condurre tale studio senza coinvolgere troppo il pensiero razionale e analitico. Da un lato vogliamo capire, in modo chiaro e coerente, il punto di vista del testo. Dall'altro, però, vogliamo preparare la mente al pensiero contemplativo della seconda parte della sessione. Non vogliamo che la nostra mente pensi in modo "accademico", poiché ciò non sarebbe coerente con la contemplazione. È ovvio, allora, che un seminario o una discussione non sarebbero un metodo adatto allo studio del testo. Ciò che occorre è una tecnica semi-contemplativa che, da una parte, abbia una struttura tale da favorire la comprensione, ma che, dall'altra, sia anche sufficientemente aperta e fluida, così che possa preparare la mente alla contemplazione.

La procedura della lettura interpretativa
Sono due le tecniche semi-contemplative sviluppate dal nostro gruppo di Deep Philosophy, che sono state pensate per studiare un testo: la "lettura interpretativa" e la "mappa delle idee". Cominciamo con la prima.

La lettura interpretativa viene svolta all'inizio della sessione (se possibile, dopo un breve esercizio di centratura). I partecipanti, a turno, leggono alcune frasi dello scritto – non necessariamente parola per parola. Piuttosto, chi legge, quando lo ritiene opportuno, può aggiungere qualche parola che spieghi l'intenzione del testo, oppure che serva a riformulare o perfezionare quanto è stato letto; oppure, ancora, può proporre un sinonimo di una parola, o una parafrasi semplificata di una frase difficile, ecc. Il risultato è che i lettori enunciano frasi che sono sia simili all'originale sia, nello stesso tempo, diverse – poiché, pur corrispondendo al testo, sono più elaborate dello stesso.

Dopo che il primo lettore (di solito, il conduttore della sessione) termina la lettura, il successivo legge la stessa sezione, aggiungendovi la propria interpretazione. In questo modo, una stessa sezione viene letta in cerchio più volte, tante quante vengono determinate dal conduttore in base alla difficoltà del passo e al tempo a disposizione. La ripetizione di tali frasi crea una sorta di canto che contribuisce al nascere di un'atmosfera contemplativa.

Vi sono varie ed importanti linee guida da seguire, al fine di mantenere un'atmosfera semi-contemplativa. In primo luogo, ai lettori viene chiesto, nella loro interpretazione, di limitarsi a poche parole, evitando di pronunciare lunghi discorsi. In secondo luogo, i lettori non dovrebbero parlare del testo, bensì col testo, ossia dal punto di vista che in esso si esprime. Ciò significa che essi non devono formulare giudizi, né manifestare accordo, disaccordo, od opinioni personali. Tutto questo nasce, infatti, dai nostri modi discorsivi di pensiero, che sono l'opposto dell'atteggiamento contemplativo. Ciò deve essere messo da parte, affinché la nostra dimensione più profonda trovi la via dell'espressione.

Questa tecnica favorisce una riflessione di gruppo sul testo prescelto che è semi-discorsiva – o semi-razionale. Essa, oltre ad aiutare i partecipanti a comprendere ciò che viene letto, induce la mente in uno stato in cui può risuonare con esso – come un oggetto fisico inizia a risuonare quando entra in simpatia con un altro oggetto che già vibra. Tuttavia, questo modo di parlare non è ancora del tutto contemplativo, poiché contiene elementi di pensiero discorsivo, ossia di un pensiero di qualcosa. È molto più discorsivo che nella seconda fase, nella quale le nostre parole si limitano a quello che noi chiamiamo "parlare prezioso" – brevi frasi poetiche, espresse a partire dalla nostra profondità interiore, senza riferimenti diretti a quanto è stato letto, senza ridondanze o ripetizioni, in modo che ogni parola sia precisa e preziosa, come se fosse un dono per il gruppo.

Perché non vogliamo che il lettore esprima giudizi personali sul testo? La risposta, già data in parte, è che, quando io esprimo un giudizio personale su qualcosa, io "parlo di" questo qualcosa, osservandolo, con ciò, dall'esterno. "Parlare di" implica un rapporto tra un soggetto (l'"io" che pensa e parla) e l'oggetto che viene descritto; proprio per tale motivo, colui che parla viene trasformato in un osservatore che è esterno a ciò di cui sta parlando.

Un certo grado di "parlare di" e di "pensare a", in questa fase iniziale della sessione, è pur sempre necessario, poiché qui il fine è ancora quello di capire cosa dica la pagina letta. Per quanto possibile, tuttavia, questo parlare deve essere già anche un "parlare da", cioè un dar voce alla soggettività. Il lettore, leggendo e commentando il testo, deve cioè entrare al suo interno in prima persona, sforzandosi di parlare per mezzo della voce particolare dell'autore – come se essa esprimesse il punto di vista del lettore stesso.

Durante il processo interpretativo, a volte può anche capitare che si rimanga colpiti da interpretazioni date da uno o più lettori precedenti. Anche in questo caso, però, non si deve né esprimere accordo o disaccordo, né commentare ciò che è stato detto. Al contrario, si deve entrare in risonanza con le loro interpretazioni, ripetendo le loro parole o rielaborandole. Ciò significa che si può entrare in risonanza non solo col testo, ma anche con le parole degli altri partecipanti alla sessione. In breve, nella lettura interpretativa non si giudica né quello che è stato letto, né quello che viene espresso dagli altri, bensì ci si limita a risuonare con tutto ciò, così come le voci di un coro le une con le altre.

La metafora del "risuonare assieme", tratta dall'ambito musicale, è pregnante e istruttiva. Anche i cantanti o i musicisti, quando eseguono un pezzo, entrano in risonanza sia con la partitura musicale originale, sia con altri interpreti. Ognuno di essi suona o canta in un modo che è unico e personale, nonostante la partitura musicale sia la stessa. È questo il motivo per cui un ascoltatore esperto può identificare un interprete dal suo stile. Ad esempio, se conosciamo lo stile interpretativo dei più grandi pianisti del mondo allora, forse, possiamo anche identificare chi sia il pianista che sta suonando ciò che stiamo ascoltando. Inoltre, l'esecuzione di un dato musicista è di solito influenzata dalle interpretazioni di musicisti precedenti. Anche qui, di nuovo, troviamo un parallelo fra la musica e la procedura della lettura interpretativa, in cui – come si è visto – i lettori entrano in risonanza con chi ha letto e interpretato il testo prima di loro.

La procedura della mappa delle idee

Un'altra procedura adatta allo studio di un testo, da utilizzare all'inizio di una sessione, è la mappa, da scrivere su un foglio, dei concetti centrali in esso espressi. Questi possono essere visti come formanti un "paesaggio", dove ogni concetto occupa un posto particolare all'interno del tutto. Tale paesaggio è l'analogo di un paesaggio geografico, con la differenza che ora ogni "punto di riferimento" nella mappa è un concetto invece di una montagna, di un lago, di una strada, ecc. Riportando su carta il "paesaggio concettuale" della pagina che è stata letta, possiamo comprendere la sua struttura di fondo.

All'inizio di tale procedura, i partecipanti, uno dopo l'altro, leggono ad alta voce il testo che hanno di fronte, un paragrafo alla volta. Il gruppo può leggere in questo modo ogni paragrafo per tre o quattro volte; la lettura ripetuta crea un sorta di canto. Dopo che l'intero testo è stato letto, ai partecipanti viene chiesto di individuare i concetti centrali in esso contenuti e di enunciarli ad alta voce. Per mantenere un'atmosfera semi-contemplativa, essi non spiegano le loro scelte, limitandosi a pronunciare solo poche parole.

Per esempio, se la pagina in questione riguarda l'allegoria della grotta di Platone, i partecipanti potrebbero estrapolare concetti come "prigione", "ombre", "illusione", "realtà", e così via.

Mano a mano che i concetti vengono esplicitati, il conduttore della sessione li mette per iscritto, in modo che tutti li possano avere di fronte. Negli incontri online, a tal fine può essere utilizzato uno strumento di scrittura in tempo reale come Google Documenti. Se invece l'incontro è faccia a faccia, i concetti possono essere scritti su un unico foglio posto al centro del cerchio dei partecipanti – oppure ogni concetto può essere scritto su un piccolo pezzo di carta.

Quando si raggiunge un numero sufficiente di concetti, arriva il momento di ordinarli in modo che rappresentino la struttura del testo. Ad esempio, se esso ruota attorno alla dicotomia tra due concetti (come, per esempio, verità e falsità, soggetto e oggetto, ecc.), allora questi vengono posti al centro. Le relazioni tra i concetti si possono tracciare con linee o altri simboli. Ciò che si ottiene, in tal modo, è una mappa del paesaggio concettuale del testo, che può essere ora osservato come dalla cima di una montagna.

Questo esercizio permette al gruppo di visualizzare la struttura concettuale della pagina letta. Esso, inoltre, aiuta i partecipanti, ancor più della procedura della lettura interpretativa, ad entrare all'interno del mondo del testo e a cogliere quest'ultimo dalla prospettiva del suo autore. I partecipanti divengono testimoni delle idee in esso espresse, vivendole ora in prima persona – come se essi stessi le avessero concepite. Tuttavia, a differenza della lettura interpretativa questa procedura non prevede che si vada oltre il testo letto, rispondendo ad esso con idee personali. Se lo si desidera, ciò può essere svolto in seguito, in una procedura separata.

Risvegliare un modo personale di comprensione

Con le procedure della "lettura interpretativa" e della "mappa delle idee" si ottiene un tipo di comprensione del testo che è diversa da una comprensione teorica, come è quella che si può raggiungere con uno studio accademico ordinario. Anche se una tale comprensione personale può mancare del rigore scientifico che è l'obiettivo di una lettura accademica, essa, tuttavia, coinvolge aspetti più profondi dell'io, che si trovano al di là del ragionamento astratto.

Nella lettura interpretativa, è l'entrare in risonanza personale con il testo – e, in misura minore, con gli altri lettori – a svolgere un ruolo centrale. Questo tipo di lettura ci aiuta a mettere da parte i nostri abituali modelli di pensiero, i quali, essendo costituiti da strutture psicologiche automatiche, sono disconnessi dagli aspetti più profondi del nostro essere. A venire a galla e a entrare in risonanza personale col testo è ciò che io sono, al di là delle mie ordinarie idee sull'uomo, sul mondo, sulla vita – idee che, tendendo a dominare la nostra mente, non lasciano spazio ad altro e reprimono la nostra profondità interiore.

Le procedure della lettura interpretativa e della mappa delle idee servono, pertanto, allo scopo di immergerci nel testo filosofico e a farci entrare nella sua rete concettuale, spingendoci oltre il nostro consueto io psicologico, che vive alla superficie del nostro essere. Tali procedure ci consentono di esplorare le idee filosofiche dall'interno, così che possiamo assumere, entro certi limiti, il punto di vista dell'autore. Esse ci mettono in grado di appropriarci del testo in modo personale, come se esso fosse una nostra creazione – come una voce che esprime il nostro stesso punto di vista.

Perciò, se è fondamentale evitare di osservare il testo filosofico da un punto di vista esterno e oggettivo, lo è, anche, che ci si immerga in esso, ponendosi così nel mondo che esso rappresenta. Ciò fa sì che venga abbattuta la resistenza che il nostro normale io limitato oppone al cambiamento dei suoi modi abituali di concepire aspetti fondamentali della vita come l'amore, la morte, l'amicizia e la virtù. In questo modo si apre, per l'io, un nuovo modo di comprendere, posto oltre quegli schemi di pensiero ordinari che, stabilizzandosi gradualmente in un rigido sistema di opinioni, potrebbero risultare troppo angusti per esperire e comprendere ciò che è veramente reale.

Il testo trasformativo

I filosofi che scegliamo di leggere in una sessione di Deep Philosophy sono, quasi sempre, quelli che noi chiamiamo "filosofi trasformativi", perché invitano il lettore a cambiare atteggiamento nei confronti della vita. I loro scritti realizzano ciò che Kierkegaard chiama «comunicazione esistenziale», che è un parlare e uno scrivere che incoraggia il lettore a lasciarsi alle spalle – o almeno a modificare – i suoi atteggiamenti inautentici, così che possa essere creato spazio affinché trovi espressione una realtà più profonda, includente anche una concezione di fondo della vita e della realtà. Questo tipo di comunicazione è opposta a quella oggettiva, in cui si ha a che fare solo con ciò che può essere descritto e misurato.

La comunicazione esistenziale chiama in causa la dimensione doppia dell'essere umano: da una parte, la superficie visibile ed effimera della nostra vita, e, dall'altra, le possibilità celate di esistenza che tendono a sfuggire alla nostra attenzione. La comunicazione esistenziale va da singolo a singolo, da filosofo a lettore. Chi comunica si rivolge direttamente a colui che legge o ascolta, richiamandolo al dovere di assumersi il compito di quella trasformazione che l'autore stesso ha già preso su di sé in prima persona. Il lettore viene esortato a recuperare un pieno rapporto col suo io più vero, nascosto alla sua vista dagli strati fossilizzati del suo essere. Il testo filosofico trasformativo, perciò, rappresenta una voce che spinge l'io a scoprire ed esplorare nuove possibilità di esistenza, situate al di là di quelle in cui l'io è abituato a vivere.

I testi filosofici adoperati nelle sessioni di Deep Philosophy costituiscono dunque delle "porte per la profondità" dell'esistenza; ciò significa che essi fanno capire al lettore di non trovarsi ancora sulla via del trascendere la propria vita abitudinaria e superficiale, bensì di avere la possibilità e il dovere di trascenderla.

Le procedure della lettura interpretativa e della mappa delle idee sono pensate proprio per invitare il lettore a compiere un primo passo attraverso la "porta di ingresso", rappresentata dal testo filosofico trasformativo, la quale conduce alla via della trasformazione.

PROSPETTIVE SULLA PROFONDITÀ INTERIORE

Kirill Rezvushkin

Il concetto di profondità interiore è fondamentale nella Deep Philosohy, così come l'esperienza della profondità interiore è fondamentale per il nostro gruppo. Che cosa significa, però, profondità interiore? Ritengo che sia meglio comprenderla non nei termini di una definizione unitaria, ma in quanto punto d'incontro di diverse prospettive complementari. In questo capitolo spiegherò quali sono alcune delle prospettive che hanno reso per me questo concetto ricco e significativo.

La prospettiva autobiografica personale

In che modo ho iniziato a interessarmi alla Deep Philosophy e, con essa, alla profondità interiore? Dopo lo studio della filologia e della storia condotto all'università, iniziai a sviluppare una mia visione filosofica del mondo. Le scienze umane e le discussioni filosofiche ordinarie non mi soddisfacevano, perché erano lontane dalla vita e mi portavano a trascurare me stesso. Sentivo che la mia vita andava nella direzione sbagliata e soffrivo di isolamento. Provai la psicoanalisi e la psicologia esistenziale, e ciò portò a risultati tangibili; c'era ancora qualcosa, però, che non andava bene. Vi era qualcosa, che non riuscivo a comprendere appieno, che si stava insinuando nella mia mente. La mia vita non era autentica quanto volevo che fosse.

Dal mio professore Sergey Borisov venni a sapere dell'esistenza del movimento internazionale della pratica filosofica, che si basa sull'idea che la filosofia può rendere la nostra vita più completa. Nel 2016 il mio dipartimento di filosofia mandò me e i miei cari amici e colleghi Regina Penner e Artyr Dydrov in Francia, a partecipare ad un seminario di pratica filosofica. Pur rimanendo impressionato dall'approccio critico della pratica filosofica, durante il seminario sperimentai anche un conflitto interiore traumatico. Di conseguenza, venni sopraffatto dalle mie difficoltà interiori irrisolte – e, preso dalla frustrazione, le allontanai dalla mente.

Alla fine, decisi di provare con cautela un approccio più moderato alla pratica filosofica. Nell'aprile del 2017 il mio collega Sergey Borisov invitò Ran Lahav nella mia università, in Russia, affinché tenesse sessioni di compagnia filosofica a un pubblico accademico di filosofi. Queste mi colpirono e mi stimolarono. Più tardi, nel giugno dello stesso anno, presi parte a diverse altre sessioni online, guidate da Ran, con la partecipazione di Michele

Zese ed Elisabeth Biber, due praticanti filosofici, il primo italiano e la seconda austriaca. Come conseguenza, il mio atteggiamento nei confronti della filosofia mutò drasticamente: maturai la convinzione che essa potesse aiutarmi a rendermi la vita interiore più coerente ed equilibrata. Ero anche stupito di come non fossero solo la psicologia e la religione a riuscire a trasformare le persone.

All'inizio del settembre 2017, Regina partecipò al primo ritiro filosofico a Brando, vicino a Torino, al termine del quale fu fondato il gruppo Deep Philosophy. Anche dopo il suo ritorno e dopo che lei ci aveva riportato le sue potenti esperienze, io mi sentivo ancora incerto. Presi una decisione solo dopo avere sperimentato di persona il potenziale trasformativo della filosofia, nel corso di un ritiro che Ran tenne durante la sua seconda visita in Russia nel novembre del 2017. Di questo ritiro porto ancora con me molti ricordi preziosi, come, per esempio, una passeggiata filosofica meditativa sulla riva di un lago durante la quale mi sentivo in unione col mondo intero. Poco dopo, ricevetti l'invito ad unirmi al gruppo Deep Philosophy e a partecipare al secondo ritiro a Brando, nel febbraio del 2018. Accettai con grande piacere.

La prospettiva della nostra attività di gruppo

Sebbene la profondità interiore sia un concetto centrale nel nostro gruppo di Deep Philosophy, noi non cerchiamo di imporre a tutti una definizione univoca di questo concetto. Di essa abbiamo una visione larga e generica, ma ognuno di noi ne ha una versione specifica. Queste differenze personali ci stimolano perché creano una polifonia in cui siamo uniti, pur mantenendo le nostre specificità.

Ci si potrebbe chiedere perché la ricerca della nostra profondità interiore sia importante. La maggior parte di noi risponderebbe che, nella vita quotidiana, seguiamo un comportamento che tende ad essere automatico, e questo si traduce in insensatezza e in un modo di essere inautentici – e ciò vale anche se non soffriamo di alcun problema personale specifico. Per rendere la nostra vita più autentica e significativa, dovremmo trovare accesso a una dimensione interiore posta dentro di noi che sia fonte di vitalità, e cercare di rimanere collegati ad essa regolarmente.

Le sessioni di compagnia filosofica creano un senso di "insiemità". L'interazione tra noi è molto diversa di quella che si sperimenta nelle fredde discussioni accademiche. La contemplazione in "insiemità" ci spinge oltre la nostra psicologia individuale, aiutandoci in tal modo a raggiungere la nostra profondità interiore. Nella vita ordinaria, questo non è facile da ottenere, perché siamo lontani da noi stessi e dalla nostra vitalità. Questa distanza dalla vita si può riscontrare anche nella filosofia accademica, quando il discorso filosofico vitale, radicato nell'esistenza umana, viene sostituito da dottrine astratte. È noto che l'attività filosofica nelle università, di solito, è lontana dagli "esercizi spirituali" degli antichi filosofi, quali vengono descritti da Pierre Hadot.[5]

Nella Deep Pilosophy, dunque, il filosofare insieme a partire dalla nostra profondità interiore aiuta a ripristinare il senso di autenticità e di completezza della vita.

Le prospettive delle teorie filosofiche

Sono diverse le teorie filosofiche che offrono interessanti interpretazioni della nozione di profondità interiore. Una di queste è la teoria dei "simboli" sviluppata da Paul Tillich nel suo libro *Dinamica della fede, Religione e morale*.[6] Tillich qui definisce un simbolo come un oggetto – un testo, una poesia, un dipinto, un rituale, ecc. – che punta oltre se stesso, aprendoci a una dimensione della realtà che altrimenti ci sarebbe inaccessibile, e aprendo a

---

5. Pierre Hadot, *La filosofia come modo di vivere*, Einaudi, 2008.
6. Paul Tillich, *Dinamica della fede. Religione e morale*. Astrolabio-Ubaldini, 1967, Capitolo 3, sezione 1: "Il significato del simbolo."

noi stessi tale realtà. Ciò implica che un simbolo appropriato possa aiutarci a entrare in contatto con una realtà nascosta dentro di noi – la nostra profondità interiore – e trasformarci in modo significativo.

Possiamo dire, usando la terminologia di Tillich, che i testi che usiamo nelle nostre sessioni di Deep Philosophy funzionano come "simboli". Si tratta di frammenti appositamente selezionati, tratti da libri filosofici o saggi, spesso un po' semplificati per renderli di più facile lettura. Tali testi, di solito, sono considerati solo come un insieme di teorie accademiche astratte. Quando però li leggiamo all'interno del nostro gruppo tramite l'ausilio di procedure speciali, ci relazioniamo ad essi in modo diverso, a partire da uno stato mentale contemplativo e in "insiemità" con gli altri. Ciò ci permette di andare oltre le nostre normali strutture psicologiche e di entrare in contatto con dimensioni nascoste del nostro essere – ossia con ciò che chiamiamo la nostra profondità interiore.

Il forte senso di connessione con l'interiorità e di consapevolezza, che proviamo durante una sessione, può durare anche dopo il suo termine. Questo è quello che mi successe durante il secondo ritiro di Brando, in un'esperienza che non dimenticherò mai. Dopo alcune sedute contemplative molto forti, scoprii che il mio stato d'animo era cambiato.

Quando andai con i miei amici a fare una passeggiata nel bosco, il sentiero mi sembrava completamente sconosciuto come se lo vedessi per la prima volta. Ammiravo il bellissimo paesaggio invernale e la neve che ricopriva gli alberi, ma, con grande stupore dei miei amici, non riuscivo più a riconoscere quel luogo. Percepivo tutto in modo nuovo, come mai mi era capitato prima, e provavo un senso di abbondanza e completezza. Purtroppo, però, poco dopo il mio vecchio modo di essere si riattivò. Era chiaro, comunque, che la mia mente aveva subito una modificazione irreversibile.

Possiamo provare a comprendere questa trasformazione interiore da una prospettiva diversa, ricorrendo alle idee del pensatore britannico Owen Barfield. Nel suo libro *Poetic Diction*,[7] egli sostiene che le metafore poetiche possano rivelarci la rete olistica dei significati presente nel nostro mondo, prima che questi vengano analizzati e frammentati dalla nostra mente razionale. La scrittura poetica, effettivamente, viene talvolta utilizzata all'interno del nostro gruppo proprio al fine di raggiungere un diverso modo di pensare e comprendere. Ad esempio, una delle procedure che a volte usiamo al termine delle sessioni, prevede la composizione di

---

7. Owen Barfield, *Poetic Diction*, Wesleyan University Press, Middletown, Connecticut, 1973.

una poesia di gruppo. Essa risulterà composta dai singoli versi che ogni partecipante scrive, ispirandosi alle esperienze personali avute durante la sessione. Tale processo suscita in noi uno stato mentale poetico, che ci aiuta a guardare all'argomento della sessione in modo diverso – più profondo e più autentico.

Nel complesso, potremmo dire che, nelle nostre sessioni, tre elementi sono particolarmente importanti al fine di compiere l'esperienza della profondità interiore: l'attività contemplativa, il testo, e l'"insiemità" coi nostri compagni.

Metafore di profondità interiore

Non è facile pensare alla profondità interiore in un modo che sia razionale e analitico. Sono le metafore ad offrirci una prospettiva più accessibile e immediata, e, in effetti, a volte sono proprio queste a colpirmi in modo significativo.

Un esempio è l'immagine della luce, che durante il secondo ritiro a Brando è emersa come metafora della profondità interior.[8] Tale metafora mi ricorda una pagina del sito Agora che tratta delle filosofie della verità interiore4. In quella pagina compare una foto divertente, con una didascalia in cui si osserva come anche un frigorifero abbia una luce interiore. A

---

8. https://philopractice.org/web/inner-truth-2017

mio avviso, qui non si tratta solo di una battuta, ma siamo anche di fronte a un'affascinante metafora che merita di essere esaminata attentamente.

La luce all'interno di un frigorifero si accende quando apriamo la porta, per spegnersi poi quando la porta viene chiusa. Lo sforzo fatto per chiuderla è assai più piccolo dello sforzo per aprirla. In modo analogo, è più difficile raggiungere ("accendere") la nostra profondità interiore piuttosto che perderla. Inoltre, la luce del frigorifero si accende, normalmente, solo per un breve periodo di tempo, dopo una nostra azione consapevole per aprire la porta – analoga allo sforzo necessario per raggiungere la nostra profondità interiore. La luce del frigorifero potrebbe anche non accendersi, a causa di un malfunzionamento o di una lampadina bruciata; si accenderà solo se tutto è funzionale, proprio come nel caso della nostra anima.

Un'altra metafora che mi colpisce è nella seguente affermazione di Marco Aurelio: «è in tuo potere ritirarti in te stesso quando vuoi».[9] Per me ciò vuol dire che la mia profondità interiore è come il mio divano preferito, dove posso riposare quando voglio. La mia profondità interiore è una base, un terreno, un fondamento su cui posso sempre contare.

---

9. Marco Aurelio, *Meditazioni*, libro IV, 3.

Un terzo esempio mi viene da un sogno che ho avuto non molto tempo fa, che potrebbe essere considerato come una metafora della mia situazione attuale. Nel sogno vedevo un cane randagio che camminava per strada. Il suo mantello era bianco, ma in quel momento appariva scuro a causa della sporcizia che lo ricopriva. Questo, per me, significa che la felicità che si conquista, raggiungendo la profondità interiore, non è mai pura. Quando raggiungiamo tale profondità, sperimentiamo un forte sentimento esistenziale di autenticità, accompagnato da un senso di felicità. La completa felicità, però, è un ideale difficilmente raggiungibile, poiché nella vita reale essa è solitamente rovinata da interruzioni. Di solito abbiamo del veleno nel piatto. Pertanto, il bianco del cane sporcato dal nero può essere visto come metafora dell'inevitabile dialettica tra bene e male.

È interessante notare come le metafore del frigorifero e del cane randagio abbiano tra loro qualcosa in comune. Un frigorifero può contenere molto cibo, a differenza di un cane randagio affamato e "vuoto". Pertanto, la prima immagine sembra connessa a un senso di pienezza – e quindi alla profondità interiore – mentre la seconda sembra collegata a un senso di mancanza e di vacuità. In entrambi i casi, tuttavia, la felicità appare come qualcosa che mi invita al suo raggiungimento. La sua voce talvolta è forte, ma altre volte, nella routine della vita quotidiana, è debole.

Dal mio punto di vista, queste metafore mi aiutano a pensare alla profondità interiore e a collegarmi ad essa.

Le prospettive religiose e psicologiche

Il tema della profondità interiore viene discusso anche dalla psicologia e dalla religione. Tali prospettive non devono essere ignorate. Possiamo capire il rapporto tra Deep Philosophy, psicologia, e religione, con l'aiuto di una favola del famoso scrittore russo Ivan Krylov, dal titolo *Il cigno, il luccio e il granchio*.[10]

Un giorno un cigno, un luccio e un granchio tentarono, assieme, di trascinare un carrettino carico. Il cigno lo tirò verso l'alto, il luccio lo tirò in mare, e il granchio lo tirò all'indietro. Ovviamente, essi miravano allo stesso obiettivo, ma ognuno lo faceva in un modo che entrava in conflitto con quello degli altri. «Non sta a noi dire chi ha ragione», osserva saggiamente Krylov nella sua favola. Questo conflitto può essere visto come un simbolo delle tre discipline: il cigno che galleggia sulla superficie dell'acqua può simboleggiare lo psicologo che lavora

---

10. Ivan Krylov, *Il cigno, il luccio e il granchio*, in Ivan Krylov, *Favole*, trad. it. U. Norsa, Palermo 1921.

con la "superficie visibile" dei modelli di comportamento quotidiani. Il granchio che si muove all'indietro può essere messo in relazione alla religione, nella quale si afferma che, per salvarci l'anima, dobbiamo ritirarci dai comportamenti abituali. Il luccio che vive nelle profondità del mare simboleggia, secondo me, i deep philosopher.

Nella profondità, possiamo trovare tesori della nostra esperienza che sono a noi nascosti. Nel fondo dell'oceano, però, si possono trovare anche alcune creature molto meno belle – come ad esempio la rana pescatrice – che sembrano uscite da un incubo e sono in relazione ad esperienze traumatiche che possiamo scoprire mentre esploriamo la nostra profondità. Naturalmente, quest'ultimo tipo di esplorazione è una questione psicologica; ma, dopo aver risolto queste esperienze traumatiche nascoste, possiamo continuare ad esaminare la profondità per mezzo della Deep Philosophy.

Nella nostra profondità, possiamo anche trovare la nostra voce interiore – come il demone di Socrate. Da un punto di vista psicologico o psicoanalitico, questa voce interiore può essere intesa come il super-ego o come l'inconscio collettivo. La mia esperienza interiore, però, mi dice che queste interpretazioni sono unilaterali e non colgono l'ampiezza della questione.

Anche le interpretazioni religiose possono risultare anguste, quando tradizioni specifiche vengono usate per collocare al loro interno questa esperienza. Ma non sempre è così. Come ho notato prima, la concezione teologica dei simboli di Tillich, nonostante essa trovi origine nella specifica tradizione protestante di questo teologo, è strettamente correlata a ciò che facciamo nel nostro gruppo di Deep Philosophy. Inoltre, la prospettiva religiosa può arricchire, talvolta, l'attività filosofica. Per esempio, ricordo che Ran, durante una sessione online con me e Michele, suggerì che «nei nostri gruppi dovremmo trovare un modo per rendere grazie per le intuizioni che riceviamo, in modo da renderle più significative e stimolanti». Ran ci inviò poi un'antica preghiera gnostica di ringraziamento, in cui ci si rivolge a Dio ringraziandolo di un'intuizione ricevuta: «Ti ringraziamo! Ogni anima e ogni cuore si innalza a Te... Ci rallegriamo, poiché siamo stati illuminati dalla Tua conoscenza...».[11]

Quando lessi questo testo, mi colpì il fatto che una preghiera potesse essere vista come un canale di comunicazione che mi collega al divino – o al Tu eterno, come direbbe Martin Buber. Questo mi suggerisce l'idea che la profondità interiore sia un Tu

---

11. *Preghiera di ringraziamento* in James Robinson, *The Nag Hammadi Library*, HarperCollins, New York, 1988, pagina 329.

– qualcosa con cui posso relazionarmi di persona (sebbene sia anche più di un Tu). Ciò mostra come la prospettiva religiosa abbia arricchito la mia esperienza filosofica.

Profondità e senso di verità e di realtà

Noi ci sforziamo di raggiungere la nostra profondità interiore, che è l'unico luogo da cui possiamo veramente filosofare. Le varie procedure della Deep Philosophy ci aiutano ad accedere ad essa, e una volta che siamo in relazione con questa realtà, possiamo parlare a partire da essa, in "insiemità" con gli altri. Siamo alla continua ricerca di modi per raggiungere la nostra profondità interiore, così da poterci innalzare da essa in ogni momento della nostra vita quotidiana.

Io sperimento la mia profondità interiore come la mia verità interiore: la vivo come una luce interiore, un silenzio interiore, una risposta alla mia angoscia, una consolazione. Se la si assaggia una volta, non vi si potrà più rinunciare.

Quando sono nella mia profondità interiore, io non penso in modo lineare secondo lo scorrere del tempo, bensì scorrendo una catena senza tempo di fotogrammi immobili. Eppure, nonostante l'assenza della dimensione del tempo, nella mia profondità ha luogo un discorso interiore. Mi può capitare di sentire una voce interiore parlare dentro di me, e, a volte, rispondere alle mie domande – talvolta persino prima che una qualsiasi domanda nasca in me. La profondità interiore può consolare, oppure può dare inizio a un dialogo fra un "io" e un "tu". Ovviamente, quando parlo di domande e risposte interiori non intendo dire che la profondità interiore debba essere vista come un'enciclopedia o un catechismo.

Allo stesso tempo, la profondità interiore ha anche una dimensione storica: mentre mi trovo in essa, mi sento legato alla tradizione. In questo senso, io posso fare esperienza della "insiemità" non solo in "orizzontale" – in direzione dei miei compagni che sono presenti in carne ed ossa alle sessioni filosofiche, bensì anche in senso "verticale" – con persone del passato.

Un esempio è il nostro luogo di ritiro a Brando – una casa che appartiene al nostro generoso amico Michele Zese e che ha ispirato e stimolato la mia immaginazione. Si tratta di un'abitazione costruita in epoca medievale – il suo vecchio forno per le castagne che si trova ancora nel vicino bosco – e ricostruita poi in epoca moderna. Immerso nell'atmosfera contemplativa del ritiro, tenevo presente alla mente la continuità di quel luogo attraverso la storia. Dopo aver partecipato a molte sessioni, sperimentando la vera "insiemità" con gli altri e concentrandomi intensamente sul raggiungimento della mia profondità interiore, finalmente riuscii ad "entrare" nel passato: non guardavo più a quest'ultimo dall'esterno, ma mi sentivo immerso in esso. Mi sentivo come se fossi io stesso un artigiano medievale che aveva dedicato il suo talento al servizio di Dio, seduto nella sua bottega medievale, strizzando gli occhi alla luce accecante del sole. Attraverso queste immagini, percepivo la luce divina della realtà fondamentale, e ciò mi riempiva di un anelito a creare qualcosa di grande e degno di poter essere offerto a Dio.

Effetto a lungo termine

In sintesi, l'esperienza della profondità interiore non è una sola cosa; essa è il punto d'incontro di un'ampia gamma di prospettive, tra le quali si trovano la propria storia personale, l'esperienza della "insiemità" coi compagni, teorie filosofiche, metafore e immagini, idee della religione e della psicologia, senso della realtà e del tempo. Dal mio punto di vista, posso dire che tutte le prospettive che ho qui descritto hanno conferito un'incredibile ricchezza e forza alla mia esperienza della profondità.

L'esperienza della profondità interiore ha avuto un effetto a lungo termine. Mi ha dato un'idea più chiara di quello che accade non solo dentro di me, ma nella realtà in generale, così che posso parlare della profondità e descriverla senza giudicarla. Ciò mi permette di espandere il mio stesso io, con delicatezza, franchezza e totale accettazione. Mi permette anche di vedere che cosa è che ha davvero valore – il valore massimo, oltre ogni apparenza – e di mettere da parte ciò che è prezioso solo in apparenza. Con i miei compagni ho liberato una dimensione preziosa e ho scoperto in essa nuovi tesori di cui ho reso loro partecipi. Come risultato, ora sento di possedere una maggiore libertà e più ispirazione, e sono in grado di fare quello che veramente voglio, riuscendo ad andare oltre alcuni dei miei vecchi schemi psicologici che tendevano ad influenzare le mie azioni e le mie scelte. Questi cambiamenti mi appaiono come un movimento tettonico dentro di me, e mi consentono di soddisfare il mio desiderio di un senso di realtà.

Al momento della mia esperienza della profondità interiore, lasciavo che la mia profondità interiore mi guidasse, sapendo che dovevo morire ad essa per diventare il mio vero io – non per l'eternità, ma per un momento, in modo da poter ricordare a lungo questa preziosa esperienza. Dopo tutto, l'esperienza in sé non può andare avanti per sempre. Ad un certo punto ho dovuto soccombere alle leggi che governano il mio corpo e la mia psicologia, e tornare alla mia solita esistenza limitata. Eppure, questa esperienza passata è con me.

Durante l'esperienza della profondità interiore, ho abbandonato il mio potere di formulare ed esprimere idee, e ho dato tale potere ad una fonte preziosa e sconosciuta posta nel profondo di me stesso. Ho abbandonato la mia tendenza a giudicare ed esprimere opinioni e sono entrato in risonanza con le voci dei miei compagni e con quelle della mia stessa realtà. Non mi sono più sentito un pensatore indipendente, ma sono entrato a far parte di un regno più grande, come un'onda tra le altre onde di un oceano. Più tardi, settimane o mesi dopo l'esperienza, ho capito che, finché sarei stato ancora in contatto con la mia profondità interiore, avrei vissuto in definitiva una vita etica, e la distinzione tra ciò che è dentro di me e ciò che è fuori di me non sarebbe stata netta e profonda. Per esempio, mi sento spesso commosso dalla fragilità segreta del mondo che mi circonda – un mondo che si mostra nudo e vulnerabile – e ciò mi dà un senso di grande sicurezza. Mi scopro infatti responsabile, e capisco che dovrei cambiare completamente di fronte a tale presenza.

Per molto tempo dopo il mio primo ritiro mi sono sentito insolitamente aperto al mondo, empatico e benevolo verso gli altri. Questo mi ha fatto pensare che è la profondità interiore ad aver dato vita ai grandi capolavori della cultura mondiale. Durante il ritiro di Brando ho scoperto in me stesso un elemento sacro, un tesoro spirituale infinito, solitamente custodito dalla mia oscurità interiore – un elemento che mi collega alla realtà ultima, forse attraverso l'atto creativo. Come disse il filosofo religioso russo Nikolai Berdyaev nel suo libro *Il senso della creazione*, pubblicato per la prima volta nel 1916: «Nel mistero della creatività si rivela l'infinita natura dell'essere umano e si realizza la sua più alta vocazione».[12]

---

12. Nikolai Berdyaev, *Il senso della creazione. Saggio per una giustificazione dell'uomo* (1916; trad. it. Jaca Book 1994), capitolo 3.

MOMENTI PREZIOSI

Stefania Giordano

Lo scopo della Deep Philosophy, per come la vedo io, è quello di dare maggior ricchezza e profondità alla vita delle persone. Il suo compito non è quello di curare problemi psicologici o di alleviare l'angoscia, perché secondo noi la vita non ruota attorno alla questione della malattia e della salute. L'obiettivo dei deep philosopher non è quello di trovare cure per problemi personali, ma di cercare fugaci raggi di luce in una foresta buia – di trovare l'elemento prezioso all'interno della nostra vita.

Che cos'è questo elemento di "luce" e di "preziosità"? Non è un costrutto teorico, un'invenzione astratta, o una speculazione. È qualcosa che i partecipanti sentono fortemente come un potente incontro con ciò che è prezioso e significativo – come un divenir pieni di nuova ricchezza spirituale e saggezza, come un'apertura alle immense ricchezze del pensiero filosofico.

In questo capitolo vorrei proporre le mie riflessioni riguardo a questo elemento di preziosità.

Momenti preziosi in una sessione

In una tipica sessione di Deep Philosophy vengono usate procedure e tecniche differenti, al fine di superare le nostre normali strutture psicologiche e poter così entrare in contatto con un livello più profondo del nostro essere – con la sorgente del sé. Qui, nel profondo di noi stessi, una fontana scorre continuamente, con tutta la sua abbondanza di ispirazioni e di saggezza, anche quando non siamo in contatto con essa.

In che modo ci mettiamo alla ricerca di questa fontana?

Il nostro punto di partenza è sempre un testo filosofico, che serve come fonte di ispirazione, come una musa che ci può condurre verso la nostra profondità interiore. Di solito, iniziamo ogni sessione lavorando assieme in modo da poter comprendere il testo selezionato ed esplorare alcuni dei suoi molteplici significati. Non lo facciamo, però, in modo accademico – non ci limitiamo solo al pensiero astratto, che coinvolge solo la nostra mente analitica. Al contrario, pensiamo ed agiamo con tutto il nostro essere – corpo, anima e cuore – come un organismo unitario. Per farlo, usiamo una procedura che chiamiamo "lettura interpretativa", durante la quale leggiamo il testo più volte, entrando in risonanza con esso e con gli altri partecipanti che ci hanno preceduto nella lettura. Il testo propone un certo "paesaggio di idee", e noi entriamo in esso tenendoci metaforicamente per mano, in "insiemità". Per me, la comprensione in "insiemità" è il primo momento prezioso della sessione.

Nel processo che conduce a questo momento così prezioso, il nostro piccolo sé familiare si eleva ed entra in un sé superiore, sotto la guida di parole filosofiche. In questi momenti, possiamo osservare la nostra vita che si staglia su uno sfondo di un oceano infinito di idee e di ciò che è reale. Possiamo vederci, in questo modo, non solo all'interno del ristretto ambito della nostra piccola esistenza, non solo in termini di condizioni biografiche specifiche, bensì come parte di quel regno più grande di vita che si estende ben oltre il ristretto mondo delle nostre esperienze. Per me, la connessione tra il piccolo sé e il sé superiore è il primo elemento di preziosità in una sessione.

Il secondo momento prezioso si ha, di solito, nell'esercizio successivo. Dopo aver compreso il testo, a volte scegliamo una sua frase e la ripetiamo più volte in cerchio. Ha così inizio una specie di canto – che noi chiamiamo ruminatio (termine preso in prestito dalla tradizione monastica cattolica) – il quale dà origine a una sorta di musica preziosa che crea, nel gruppo, un'atmosfera molto forte. Le parole smettono allora di essere parole ordinarie, e, perciò, noi le "assaggiamo" come se fossero un cibo sacro, come un nutrimento per lo spirito. Un momento così prezioso espande la nostra visione del mondo oltre il significato abituale delle parole, dandoci la sensazione di essere più grandi del nostro io abituale.

Il terzo momento di preziosità, che arriva più avanti nella sessione, rappresenta il vero cuore della Deep Philosophy. Dopo aver compreso il testo e dopo averne letto alcune frasi scelte, il conduttore invita i partecipanti a riflettere su un piccolo momento che essi hanno vissuto negli ultimi tempi.

I partecipanti, rimanendo in silenzio per qualche istante, rileggono velocemente il testo, lasciando che le parole evochino in ognuno di loro un ricordo personale.

L'evento ricordato non deve essere particolarmente sensazionale o sconvolgente. Al contrario, è meglio scegliere un momento apparentemente irrilevante, una piccola porzione del flusso quotidiano degli eventi. All'inizio, il ricordo può sembrare insignificante, ma, col procedere della sessione, esso di solito rivela un'abbondanza di significati e sorprese inaspettate.

Il risultato di questo esercizio è che ha inizio una sorta di danza a cui prendono parte, insieme, l'idea filosofica e la nostra vita personale – ed è tale danza a costituire una fontana di preziosità. Ogni partecipante si muove tra il testo letto e il momento personale che è stato scelto – tra le idee e la vita, tra l'essere e l'Essere. Mentre riviviamo questi piccoli momenti della nostra vita, osservandoli con l'aiuto di idee profonde, ci si rende conto che l'esistenza può rivelarsi piena di significati e preziosità. In questo senso, la seduta serve come spazio in cui poter esaltare frammenti di preziosa bellezza.

Osservando la seduta nel suo insieme, è chiaro che, a differenza del counseling filosofico, noi non cerchiamo di individuare meccanismi o modelli psicologici, né di modificare – al fine di migliorarlo – un modello emotivo o comportamentale. Il nostro obiettivo, piuttosto, è quello di arricchire la vita, aiutandola a entrare in contatto con la profondità. Un ottimo modo per ottenere questo risultato è proprio quello di vivere questi momenti preziosi. Questi momenti sono trasformativi perché aprono una porta verso la profondità. Coltivare la bellezza, come accade quando si coltiva un giardino Zen, significa educare il sé ad abbracciare la meraviglia. La creazione di una tale serie di momenti significativi fa sentire la persona carica di una sorta di pienezza. Ogni perla di questo potente gioiello è una goccia di preziosità.

Differenti aspetti della preziosità

Come ho scritto sopra, sono tre i principali momenti preziosi in una normale sessione di Deep

Philosophy. Vorrei qui sottolineare che ognuno di essi ha un diverso tipo di potere "magico".

Il primo momento prezioso, come abbiamo visto, è all'inizio della sessione, quando i partecipanti entrano nel paesaggio filosofico descritto dal filosofo. La forza di questo momento consiste nel sentire che si stanno oltrepassando i confini: io qui entro in risonanza coi miei compagni e scopro nuovi significati inaspettati che allargano e arricchiscono il mondo limitato in cui vivo.

Il secondo momento prezioso si ha quando i partecipanti leggono assieme frasi selezionate dal testo, ripetendole più volte. La forza di questo momento deriva dalla sensazione di discendere nel nostro essere più intimo, cioè nella nostra profondità interiore – e di ascoltare quest'ultima mentre esprime le sue intuizioni. Io non penso e non parlo più a partire dalla mia solita mente discorsiva, ma da una sorgente più profonda posta dentro di me.

Nel terzo momento, i partecipanti collegano un'idea filosofica a piccoli momenti delle loro vite. Il senso di preziosità nasce qui dalla scoperta che la nostra vita concreta è connessa a più ampi significati filosofici. La mia esistenza finita diventa così un piccolo frammento nel più vasto mondo della vita e della realtà.

Queste tre esperienze differiscono in modo netto le une dalle altre; eppure, esse sono, tutte e tre, aspetti diversi della stessa realtà – sono un che di prezioso. Qual è l'elemento comune in tali esperienze presiose?

Io suggerisco che il senso di preziosità, in tutte le sue forme, ha a che fare con l'abbandono della nostra coscienza ordinaria – che è limitata, frammentata e meccanica – e col raggiungimento di un senso di totalità. In questo stato io, come un tutto, mi relaziono alla vita come un tutto. È questo il motivo per cui, durante la seduta (di solito all'inizio) a volte usiamo esercizi meditativi o di centratura. Tali tecniche ci aiutano, infatti, ad abbandonare il nostro stato d'animo abituale e ad abbracciare un modo diverso di essere e di pensare.

Conclusione della sessione

Arrivati alla conclusione di una sessione di Deep Philosophy, non abbiamo raggiunto soluzioni o risposte precise. Non abbiamo risolto problemi psicologici, né abbiamo analizzato strutture psicologiche o cercato di modificare comportamenti o schemi emotivi. Anche se alcune di queste cose possono accadere durante la sessione, non sono queste il nostro obiettivo. L'obiettivo è quello di rendere la nostra vita più profonda da un punto di vista filosofico.

Noi usciamo da una sessione dopo un viaggio nella nostra profondità interiore. Le preziose intuizioni e i momenti che abbiamo vissuto ci danno un profondo senso di pienezza, di "insiemità", di silenzio interiore. L'esperienza di questi momenti preziosi continuerà a risuonare dentro di noi. I momenti preziosi sono trasformativi – cambiano progressivamente il nostro modo di rapportarci alla vita, rendendola sempre più ampia e profonda.

Vorrei concludere con le parole, assai adatte, di Marco Aurelio: «Guardate dentro di voi. Lì troverete la fontana del Bene, che sgorgherà sempre, se non si smetterà mai di scavare.»[13]

---

13. Marco Aurelio, *Meditazioni*, Libro VII, 59.

LA POLIFONIA FILOSOFICA

Sebastian Drobny

«Lascia che sia per me spirito. Un messaggio, un pensiero, una sincerità, un suo sguardo, io li voglio, ma non notizie, né una minestra. Posso discutere di politica, chiacchierare, ricevere amichevoli convenienze da vicini di casa e da compagni meno intimi. La compagnia del mio amico non dovrebbe forse essere per me poetica, pura, universale e grande come la natura stessa? Dovrei forse sentire che il nostro legame è profano rispetto alla striscia di nuvole che laggiù giace all'orizzonte, o a quel ciuffo d'erba ondeggiante che divide il ruscello?» [14]

Ralph Waldo Emerson

Ho un'amicizia come questa solo da poco tempo, da quando ho iniziato a viverla con i miei stimati compagni del gruppo Deep Philosophy. Quello che è strano è che, dopo mesi di lavoro in comune svolto in sessioni online, incontri e ritiri, nessuno di noi sa quasi nulla della vita quotidiana degli altri partecipanti. Non sappiamo che tipo di musica ci piaccia, quali siano le nostre serie TV preferite, o

---

14. Ralph Waldo Emerson, *Amicizia*, trad. di Stefano Paolucci e Antonio Tozzi, Piano B, 2010.

come sia una nostra giornata sul posto di lavoro. Siamo cresciuti in paesi diversi con culture diverse. I nostri viaggi contemplativi di gruppo, assieme all'esplorazione in comune della nostra profondità, interiore hanno operato qualcosa su di noi come gruppo. Siamo diventati amici. La nostra amicizia mi sembra grande come la natura stessa. È una fonte continua di ispirazione, fiducia e apprezzamento. Credo che la crescita della nostra amicizia sia dovuta in gran parte all'atmosfera "polifonica" della Deep Philosophy.

La "polifonia filosofica" è il nostro modo principale di interagire gli uni con gli altri quando pratichiamo la Deep Philosophy. La polifonia si verifica quando esprimiamo la nostra comprensione della vita senza giudicarci a vicenda. Diamo voce alla nostra "musica", per così dire, senza essere d'accordo o in disaccordo con la "musica" dei nostri compagni. In questo capitolo vorrei spiegare come funziona questo modo di interagire.

Che cos'è la polifonia in un discorso filosofico?

Nel campo della musica, si ha "polifonia" quando più voci si uniscono per creare un unico brano musicale, in cui le diverse voci non si contrappongono tra loro, ma si fondono in una nuova unità. La musica polifonica può servire come metafora del modo in cui diverse idee filosofiche, espresse fianco a fianco in una sessione di Deep Philosophy, possono interagire tra loro.

Parlare in modo polifonico significa che i partecipanti non valutano le parole degli altri, né discutono tra loro. Come i musicisti jazz che suonano assieme, le diverse voci filosofiche non suonano le une contro le altre, ma, piuttosto, le une con le altre, in "insiemità". Ascoltandosi a vicenda, i partecipanti sono ispirati a creare le proprie melodie in armonia con gli altri. Nella filosofia tradizionale, è normale che vengano analizzate idee e sviluppati argomenti a favore o contro idee di altri filosofi. Se lo faccio in una sessione di Deep Philosophy, entrerei in uno stato mentale giudicante, distanziandomi dalla mia fonte di idee – e dalla mia profondità interiore. La discussione critica può essere accettabile nel discorso scientifico e accademico, ma nella Deep Philosophy i partecipanti – come fossero dei "musicisti jazz" – devono evitarlo. Per tutta la durata della sessione, non c'è nulla di giusto o sbagliato.

Se è così, però, dov'è allora la filosofia in un tale discorso polifonico? La risposta è, in parte, che la sessione ruota attorno a un testo filosofico selezionato, che affronta una questione filosofica – in altre parole, attorno a una questione fondamentale della vita. Inoltre, i partecipanti utilizzano varie procedure ed esercizi per sviluppare ed esprimere le proprie idee filosofiche su questo tema fondamentale.

Questo non significa che vada tutto bene e che ogni idea sia buona. Nel jazz ci sono strutture musicali accettate perché esso venga suonato bene, le quali aiutano i musicisti a suonare insieme nella stessa "lingua". Così come i musicisti non suonano da soli, i partecipanti della Deep Philosophy non si "isolano" nelle rispettive opinioni personali. Essi sono attenti agli altri ed "entrano in risonanza" con ogni altro partecipante. Senza questo senso di "insiemità", nessun conduttore di una sessione, né alcun testo comune, sarebbero in grado di unificare le diverse voci in un'unica filosofia polifonica. Con un senso di "insiemità", il nostro "gruppo polifonico" è arricchito dalle diverse voci filosofiche che, ispirandosi a vicenda, aiutano i partecipanti a esplorare le loro autentiche concezioni filosofiche.

Che cos'è una "voce" filosofica?

Per dimostrare cosa intendo per "voce filosofica", guardiamo a come la polifonia può essere creata da due diversi pensatori con punti di vista diversi sullo stesso tema: il significato dell'altra persona, o dell'Altro. Il filosofo francese Emmanuel Levinas[15]

---

15. Emmanuel Lévinas e Adriaan Peperzak, *Etica come filosofia prima*, a cura di Fabio Ciaramelli, Milano, Guerini e Associati, 2001.

spiega che quando incontro un'altra persona, questa è per me una completa alterità, di cui sono inevitabilmente responsabile. L'incontro con l'Altro è un'esperienza fondamentale; è più primordiale della nostra coscienza di noi stessi o coscienza delle cose. L'Altro mi appare attraverso il suo volto – un volto esposto, nudo, vulnerabile. Questo volto vulnerabile si rivolge a me dicendo: «Non uccidermi!» In questo senso, la potenziale morte dell'Altro appare sul suo volto. Quindi, il volto è un comando etico che si rivolge a me. Io sono responsabile dell'Altro – responsabile in modo incondizionato.

Troviamo invece una prospettiva molto diversa quando guardiamo al filosofo spagnolo José Ortega y Gasset.[16] Nel suo racconto, l'idea della vulnerabilità dell'Altro e della mia responsabilità fondamentale nei suoi confronti non ha quasi alcun ruolo. Al contrario, l'altra persona appare nella mia vita come un pericolo per me. Per aiutarci a farci un'idea di questa situazione, Ortega ci chiede di immaginare di camminare di notte, quando improvvisamente sentiamo dei passi. «Chi è?», chiediamo. Non siamo più distratti e rilassati, ma in guardia e prudenti. Il motivo per cui si reagisce in questo modo è che l'altra persona è una interiorità

---

16. José Ortega y Gasset, *L'uomo e la gente*, Armando Editore, 2005, cap. 7.

nascosta. Non riesco a vedere i suoi pensieri, le sue emozioni, le sue intenzioni. Questa interiorità mi può essere rivelata attraverso il suo corpo, il suo viso e i suoi occhi – ma solo in parte. Non posso mai essere sicuro di cosa pensi o senta, né di come reagirà nei miei confronti.

Come Levinas e Ortega, ognuno di noi ha una specifica "voce" filosofica o concezione dell'Altro, conscia o inconscia. Naturalmente, nessuno di noi è Levinas od Ortega; molto probabilmente la mia concezione differisce significativamente dalla loro. Qualunque siano le nostre concezioni, esse hanno un profondo impatto sulla nostra vita personale. Si esprimono nelle nostre azioni, nei nostri sentimenti e pensieri, nonché nel nostro intero atteggiamento verso noi stessi, verso il nostro mondo e verso la vita.

Durante una sessione di Deep Philosophy, i partecipanti danno voce alle loro concezioni, ascoltandosi attentamente l'un l'altro e riflettendo su se stessi a partire dalla loro profondità interiore. Quando condivido i miei pensieri con gli altri, tutto ciò che è stato detto è ancora presente ed entra in risonanza con i miei pensieri. Il risultato è come fare una jam session musicale insieme. Se suono insieme a Giovanni, suono la mia musica. Lo stesso vale se suono con Simone. Ma la mia musica sarà diversa in ogni jam session, perché le nostre interazioni saranno diverse.

Finora abbiamo visto il valore di non giudicare la correttezza o l'erroneità di altre voci filosofiche. Abbiamo visto che nelle sessioni di Deep Philosophy è importante scoprire la propria voce autentica – la propria "musica". Come possiamo garantire che i partecipanti pensino alle idee filosofiche che sono autenticamente loro, senza limitarsi a copiare le idee di qualcun altro o a parlare in astratto? In altre parole, come possiamo garantire che i partecipanti parlino dalla loro profondità interiore? Come vedremo, la struttura, la polifonia e il conduttore della sessione giocano un ruolo chiave.

Procedure polifoniche

In una sessione ordinaria, la polifonia filosofica è composta da diverse "voci": la voce del testo filosofico, la voce dei propri atteggiamenti e delle proprie esperienze, e le voci degli altri partecipanti alla sessione. Il jazz non è solo una serie di musicisti che suonano fianco a fianco per se stessi. Il coordinamento e l'interazione tra i musicisti sono essenziali. Come interagiamo polifonicamente nella Deep Philosophy, con un testo e con i nostri compagni? Vi darò qui di seguito diversi esempi di procedure che creano la polifonia.

Un esempio è una procedura che chiamiamo "lettura interpretativa", che viene utilizzata per conoscere un testo selezionato e riflettere su di esso.

Il gruppo si concentra su un breve passaggio del testo, solitamente di circa tre o quattro frasi; poi ogni partecipante, a turno, legge il passaggio ad alta voce, aggiungendo ogni tanto una breve interpretazione di una parola o di una frase del testo. I partecipanti non esprimono mai accordo o disaccordo con i lettori precedenti («Sono d'accordo con la spiegazione della prima frase»), né parlano mai di interpretazioni precedenti («Come ha detto Alessia...»). Possono solo rileggere lo stesso brano, aggiungendo delle brevi interpretazioni. Così facendo, sono incoraggiati a "entrare in risonanza" con le letture precedenti – a ripetere un'interpretazione precedente, o a elaborare ciò che è stato detto, per completarlo con una nuova idea, oppure, ancora, ad andare in una direzione completamente diversa. Dopo un giro o due, i partecipanti passano al brano successivo e lo rileggono ad alta voce in modo interpretativo, uno dopo l'altro, fino alla fine del testo.

Il risultato di questo procedimento è una polifonia di interpretazioni – un insieme di voci diverse, ognuna delle quali enfatizza idee diverse, ma che ruotano tutte intorno allo stesso testo e sono in risonanza l'una con l'altra. Il gruppo ora ha raggiunto una ricca comprensione del testo. Le parole del testo sono arricchite da una serie di significati, alcuni complementari tra loro e altri che offrono una comprensione alternativa.

Un secondo esempio di procedura polifonica è quello che chiamiamo "parlare prezioso". Usiamo questa procedura per esprimere le nostre idee mentre entriamo in risonanza con le idee degli altri. È ideato anche per impedirci di chiacchierare ed evitare di cadere in un pensiero analitico o superficiale; esso riesce a dare spazio a pensieri individuali e a intuizioni che nascono dalla profondità interiore.

In questa procedura, ogni partecipante è invitato a dar voce a un pensiero o a un'esperienza, secondo l'ordine di seduta, oppure liberamente senza rispettare turni; il solo obbligo è quello di esprimere una sola frase. Ai partecipanti viene chiesto di esprimere ogni parola come se fosse preziosa, come se fosse un dono prezioso per il gruppo. Devono evitare ripetizioni, ridondanze o espressioni che servono solo a riempire vuoti, come «secondo me...», «è importante ricordare che...», «vorrei ripetere quello che ha detto...», o «mi è appena venuto in mente che...».

Il modo in cui parliamo influenza il nostro stato d'animo. Quando i partecipanti iniziano a scegliere le loro parole con attenzione e a parlare in modo sintetico e preciso, anche il loro atteggiamento interiore cambia. Non si sta più discutendo o esprimendo di opinioni, perché si diventa moderati e attenti ad ogni parola e agli altri. I partecipanti non sono più inclini a giudicare o a commentare le altre voci, ma piuttosto a entrare in risonanza con esse. Per esempio, essi possono ripetere la frase di un compagno, o aggiungere una nuova parola a una frase precedente, o sviluppare più pienamente un frammento di pensiero, oppure possono essere indotti, dalle parole di un altro partecipante, a creare un nuovo pensiero. In diversi cicli di tale "parlare prezioso", è il gruppo nel suo complesso a parlare. Non ci si deve preoccupare se gli amici giudicheranno la nostra idea come immatura o difettosa, perché non si è di fronte ai loro occhi giudicanti, bensì si sta fianco a fianco con loro, mentre creiamo qualcosa insieme. I pensieri scorrono liberamente, sviluppandosi l'uno dall'altro, senza che l'atmosfera contemplativa venga interrotta.

Infine, vorrei descrivere una terza procedura, chiamata "risonanza con un'esperienza personale". Un importante obiettivo della Deep Philosophy è quello di arricchire i nostri momenti di vita quotidiana con l'aiuto di idee filosofiche. Un modo efficace per farlo è chiedere ai partecipanti di selezionare un piccolo evento o una situazione che hanno da poco vissuto, per poi farla entrare in risonanza con un testo filosofico e con le voci degli altri partecipanti. Ciò porta a galla nuove parole e nuove comprensioni, richiamate dall'interno della nostra profondità interiore, le quali hanno a che fare con questo momento quotidiano apparentemente piccolo ma significativo: un breve incontro casuale con qualcuno al supermercato, per esempio, o un momento in cui abbiamo notato la consistenza dell'impasto fra le dita mentre preparavamo il pane.

Iniziamo tale procedura riflettendo prima su un testo filosofico, possibilmente attraverso la procedura della "lettura interpretativa". Dopo aver familiarizzato con le sue idee principali, i partecipanti sono invitati a pensare a un'esperienza personale che ricordi loro un'idea o una frase del testo. Dopo pochi minuti, un volontario descrive brevemente la sua esperienza, magari in una o due frasi. Il conduttore della sessione può porre alcune domande di chiarimento, mentre gli altri ascoltano attentamente. Il lavoro principale, però, non consiste nell'acquisizione di tutti i particolari di quell'esperienza, ma, piuttosto, nel trovare in essa nuovi significati. Per fare ciò, tutti i partecipanti cercano di immergersi in questa esperienza come se fosse accaduta loro – e come se stesse accadendo proprio in quel momento. In diversi giri di "parlare prezioso", essi ascoltano attentamente la propria profondità interiore e danno voce alle intuizioni che sgorgano dal loro interno. Queste "bolle" forniscono nuove idee e nuovi significati a quell'esperienza, producendo un concerto di voci diverse che cantano polifonicamente a partire dallo stesso evento, che ora si arricchisce di nuove prospettive.

Alcuni dei partecipanti possono rivelare qualcosa di significativo riguardo alla nostra esperienza, di cui però non ci eravamo accorti, ma che vale comunque la pena considerare. Pertanto, la procedura della "risonanza con un'esperienza personale" ci permette di andare oltre il nostro mondo chiuso in se stesso, aprendoci in tal modo ad una realtà più ricca e alla pienezza molteplicità del mondo esterno.

Un esempio di sessione

Dimostrerò ora il potere di questa polifonia con un esempio immaginario. La sessione si concentra su un paio di pagine del saggio Perché scriviamo, della filosofa spagnola Maria Zambrano,[17] in cui si sostiene che si scrive per preservare uno spazio interiore che sia libero dal continuo scorrere del tempo. Normalmente, ci perdiamo nello scorrere del tempo e degli eventi. Solo in brevi momenti, grazie al pensare e all'esprimerci a parole, possiamo riconquistare la nostra consapevolezza e la nostra libertà, ma quel momento fuggirà immediatamente nel passato, coperto dai momenti successivi. Per non perderci, sentiamo di dover difendere la nostra solitudine interiore; è per questo che scriviamo. Scrivendo, fermiamo il flusso del tempo, e, per così

---

17. Maria Zambrano, *Perché si scrive*, in *Verso un sapere dell'anima*, Raffaello Cortina Editore, 1996.

dire, creiamo uno spazio separato che non viene portato via da questo flusso – uno spazio che, essendo fuori dal tempo, è veramente nostro.

Nel nostro esempio di sessione, ci sono tre partecipanti: Marco (il conduttore della sessione), Sylvia e Klara. Il testo della Zambrano non è facile; Marco sa che deve dar tempo ai suoi due compagni affinché lo leggano, riflettano su di esso e colgano le sue idee di base. Egli avrebbe potuto tenere una piccola lezione, ma ciò avrebbe potuto rappresentare un invito al pensiero analitico e al giudizio relativo al giusto e allo sbagliato; tutto ciò sarebbe andato contro lo spirito contemplativo. Egli inizia quindi con la procedura di lettura interpretativa, concentrandosi sulle prime righe: «Scrivere è difendere la solitudine in cui ci si trova. È un'azione che nasce solo da un vero e proprio isolamento – ma un isolamento comunicabile, in cui la distanza da tutte le cose concrete permette di scoprire le relazioni tra di loro».

Marco legge questo breve frammento lentamente e ad alta voce. Avendo già familiarità col testo, egli, man mano che procede, aggiunge delle proprie interpretazioni, offrendo ai due ascoltatori la sua comprensione del testo.

«Scrivere è difendere la solitudine in cui ci si trova», legge – poi aggiunge: «Devo difendere la mia solitudine. La solitudine non mi è naturalmente data;

devo faticare per raggiungerla. La scrittura è *un'azione che germoglia solo dall'isolamento* – e nasce solo se entro nel mio mondo interiore. Ma questo isolamento non significa che io sia in uno spazio vuoto, perché è un *isolamento comunicabile.* Allontanandomi *da tutte le cose concrete* posso scoprire *relazioni tra loro,* relazioni nascoste e significati nascosti».

Si noti che Marco non parla *del* testo, bensì *con* il testo – parallelamente ad esso, in risonanza con Maria Zambrano. Parla in prima persona – di se stesso (e invita gli altri a fare lo stesso), per interiorizzare il testo e parlare a partire da esso.

Marco, ora, indicando Sylvia, la invita a leggere le stesse frasi, interpretandole con le sue parole. Ciò non significa che lei deve inventare un'interpretazione completamente nuova – infatti, è libera di ripetere parole che Marco ha già usato, di riformularle, o semplicemente di leggere il testo senza interpretazione, nel caso non riesca a pensare a nient'altro da aggiungere.

Klara è la successiva a leggere. Dopo che questa ha finito, Marco passa al secondo frammento del testo e i tre iniziano un nuovo ciclo di lettura interpretativa. Successivamente, tutti e tre continuano col terzo frammento, poi passano al quarto. L'intera procedura dura circa venti minuti. In nessun momento essi analizzano il testo, o lo discutono, o si correggono a vicenda, oppure sono d'accordo o in disaccordo tra loro. Il punto importante non è l'accuratezza accademica, ma lo sviluppo di una ricca polifonia di comprensioni personali.

La loro lettura ripetitiva scorre ritmicamente, e i tre sono ora immersi nel testo. Essi notano che si sta instaurando un dolce stato mentale contemplativo. Marco vuole ora approfondire alcune delle idee che sono emerse e, per preservare l'atmosfera contemplativa e "polifonica", sceglie il procedimento del "parlare prezioso". Egli invita gli altri due a condividere un'idea, sia personale, sia presa dal testo, che li abbia toccati durante la lettura – esprimendola, però, nel "parlare prezioso", ossia in poche precise parole, usando parole del testo oppure parole proprie.

Sylvia dice: «Scrivere è difendere la mia solitudine». Marco continua dicendo: «Il mio isolamento ha bisogno di protezione». Poi interviene Klara: «Quando parlo sono divisa, ma quando scrivo ritrovo me stessa». Qualche giro di discorsi "preziosi" continuano ancora a sviluppare questi intrecci di idee, mentre i partecipanti si ascoltano gli uni gli altri ed entrano in risonanza fra loro, creando un concerto polifonico.

«Molto bene», dice Marco – «ora abbiamo una ricca rete di idee. Mettiamola in relazione alle nostre esperienze personali». Chiede a un volontario di condividere molto brevemente un'esperienza personale interessante. Sylvia si propone come volontaria.

«Un paio di settimane fa» – dice, cercando di parlare nel modo più sintetico che sia possibile – «ho avuto una sgradevole conversazione col mio ragazzo. Io gli ho detto che lui era stato prepotente con me, che mi ammoniva, mi interrogava, mi faceva prediche, come se fosse stato incaricato a gestire la mia vita». Sylvia tace, poi aggiunge: «Così, quando abbiamo letto, in Zambrano, della protezione della mia solitudine interiore contro lo scorrere dell'esistenza, mi è tornata alla mente questa conversazione. Mi sono ricordata di come le sue parole mi avessero stravolto e quanto mi avessero fatto perdere la relazione con il mio spazio interiore».

«Grazie, Sylvia», dice Marco – «apprezzo la tua onestà e la tua fiducia. Ci sono probabilmente molti altri dettagli in questa storia, ma qui non stiamo facendo psicologia. Non vogliamo analizzarti o risolvere i tuoi problemi. Ci hai fornito una breve esposizione di questo episodio; ora lavoriamo con ciò che abbiamo, usando la nostra immaginazione per arricchire l'episodio di nuovi significati».

Marco inizia una serie di giri in cui i partecipanti devono entrare in risonanza con l'esperienza di Sylvia, utilizzando la modalità del "parlare prezioso". Parlano in prima persona come se avessero vissuto da soli la storia di Sylvia, senza preoccuparsi di rimanere fedeli ai fatti.

Marco è il primo a parlare. Si concentra sulla seguente espressione di Maria Zambrano: «isolamento comunicabile»; egli la trova affascinante: «Voglio essere in un isolamento comunicabile – isolato eppure comunicante».

Klara, scorrendo in fretta il testo, entra in risonanza con Marco: «Ho bisogno della mia separazione per poter comunicare con voi, per potervi essere vicino».

Sylvia, che ha ascoltato attentamente, sente le parole uscirle spontaneamente dalla bocca: «In isolamento mi riconquisto, in isolamento riconquisto la mia perduta capacità di entrare in relazione».

Marco, al suo secondo turno, aggiunge. «La solitudine fa parte della "insiemità": voglio stare in solitudine insieme a te».

Seguono altri giri e le frasi diventano gradualmente più spontanee e creative. Il risultato è una ricca sinfonia di idee, originatesi dall'esperienza di Sylvia, che è stata arricchita di nuovi significati grazie alle idee di Maria Zambrano. Inutile dire che queste idee non portano a una teoria riguardo a Sylvia, poiché non si tratta qui di svolgere un'analisi psicologica della sua esperienza, bensì di sviluppare un "coro" creativo di significati riguardanti la vita umana e le relazioni umane, che vada oltre la particolare storia personale di Sylvia. Come osserva Marco a conclusione della sessione, l'obiettivo di questo coro creativo è la saggezza e la crescita: è quello di insegnarci, insomma, a vedere l'esistenza umana da una molteplicità prospettive.

Conclusione - il potere della polifonia

A questo punto, possiamo lasciare da parte la sessione, perché abbiamo già intravisto il potere della polifonia nella Deep Philosophy. Essa ci dà un accesso penetrante a un testo filosofico e al suo più ampio mondo di significati. Le tre procedure polifoniche descritte sopra – col loro ritmo, la loro capacità di concentrare l'attenzione dei partecipanti su un unico tema, la loro atmosfera contemplativa – modificano il nostro stato d'animo e ci permettono di entrare nel mondo del testo e di esplorarlo da un punto di vista interiore. Le voci polifoniche dei partecipanti riempiono lo spazio mentale del gruppo con idee creative ed esperienze personali.

La Deep Philosophy fornisce esperienze molto gratificanti, ma non è intesa solo per il piacere intellettuale. Essa ci collega profondamente con aspetti essenziali della vita. Inoltre, essa arricchisce e approfondisce la natura del discorso filosofico. Senza esprimere le nostre esperienze personali e la nostra profondità interiore, il discorso filosofico (con le parole di Bergson) sarebbe come «foglie morte sulla superficie di uno stagno», privo di relazioni con la sfera personale. Come ci dice Bergson, normalmente siamo consapevoli solo della superficie della vita – di idee fisse ed emozioni che possono essere facilmente descritte. Sotto questa superficie nota, però, la nostra vita interiore è in un mutamento costante di infiniti significati e caratteristiche, come una sinfonia continua, creativa e fluida, che comprende tutto il nostro essere. Nella Deep Philosophy, fianco a fianco coi nostri compagni, ci spingiamo oltre il nostro mondo chiuso, aprendoci così alla realtà, alla sua abbondanza e ai suoi molteplici aspetti.

CHE COS'È LA RECOLLECTION?

Sergey Borisov

Il gruppo Deep Philosophy, nel suo impegno per coltivare la profondità interiore, ha sviluppato una molteplicità di attività e di esercizi, la maggior parte dei quali vengono eseguiti in piccoli gruppi. Vi è però un esercizio fondamentale, chiamato *recollection*, che viene effettuato in modo individuale. Lo si pratica nel corso della settimana – di solito qualche minuto per volta – al fine di mettere da parte l'attività frenetica della giornata e poter così riflettere, riconnettendosi a se stessi e alla propria profondità interiore. Qui si trovano riuniti i due significati del termine inglese *recollection*: la parola significa "ricordo", ma anche "trovare di nuovo" (*re-collecting*) se stessi, ossia ritrovarsi dopo essersi persi nelle attività della vita quotidiana.

La *recollection* ha delle linee guida molto semplici: più volte, nell'arco della settimana, si fa una pausa – qualunque sia la nostra occupazione – uscendo così dall'attività ordinaria; per diversi minuti, poi, si ascoltano interiormente tutte quelle profonde intuizioni che possono sorgere dentro di noi, o agitarsi nella mente. Per facilitare questo processo, si può leggere con cura un breve testo di una recente sessione contemplativa, o recitare più volte una frase, copiata su carta in precedenza, oppure ci si può sedere a fare contemplazione per alcuni minuti, oppure si può scrivere una frase lentamente e con cura, e così via. In seguito – per esempio alla fine della giornata – le intuizioni che saranno sorte nella mente vengono messe per iscritto. Al termine della settimana, le *recollection* possono essere inviate a un compagno – il "lettore" – che, a sua volta, può rispondere, commentando in modo non giudicante.

Le regole della *recollection* sono, quindi, semplici e flessibili. Ciò che in essa davvero conta, però, avviene dentro di noi.

L'esperienza della *recollection*

In una *recollection* ci ritiriamo dal mondo, per accedere a uno spazio di tranquillità interiore, in cui entriamo in risonanza con la nostra realtà e comunichiamo con essa. Tutto ciò richiede, normalmente, che si stia in silenzio e in solitudine per alcuni minuti. In tal modo, i pensieri e le esperienze del passato iniziano a emergere dalle profondità della mente, giungendo così alla coscienza. Normalmente, i ricordi trattenuti dalla nostra mente sono sparsi e frammentari: l'importante si mescola con l'insignificante, il significativo con l'insignificante.

La *recollection* serve a mettere assieme queste memorie, a riportarle alla luce e a dar loro chiarezza. Essa, però, non può essere praticata ovunque o in un momento qualsiasi. Può avere successo, ad esempio, soltanto quando ci sediamo in disparte, stanchi del lavoro o delle preoccupazioni quotidiane; oppure mentre passeggiamo con calma, o, semplicemente, quando ci guardiamo attorno, poggiando dolcemente lo sguardo su tutto ciò che ci circonda. In questi momenti, la nostra attenzione cambia: mentre prima era rivolta verso l'esterno, verso le cose e le persone, ora è rivolta verso l'interno. In tal modo, la nostra capacità di ascolto interiore si attiva e comincia a cogliere voci della nostra realtà. Tutto ciò che è secondario e irrilevante passa sullo sfondo, e, in primo piano, appare un pensiero, un'intuizione, un'esperienza, pieni di profondi significati.

Tali significati non possono essere sempre espressi a parole, anche se riguardano ciò che siamo. Possiamo solo ascoltarne la voce, mentre ci immergiamo nel sentimento di appartenenza all'universo. Con questa voce possiamo entrare in dialogo; in tal modo, la nostra esperienza di partecipazione alla realtà assume forma di pensiero. Tale voce può anche incarnarsi nella nostra voce personale, giungendo a trovare espressione nella nostra mente in modo discorsivo o poetico. In conseguenza di ciò, muta il nostro modo ordinario di parlare e pensare: invece di descrivere il nostro stato interiore dalla prospettiva di un osservatore esterno, siamo ora in grado – cercando di entrare in risonanza con le voci della realtà – di parlare dalla nostra profondità interiore, ossia dalla profondità della nostra esperienza. Noi, in questo processo, ritroviamo (*re-collect*) noi stessi e rimettiamo assieme i nostri pensieri e i nostri sentimenti, in un tutto unico.

La *recollection* può originarsi da diversi motivi. Essa può portare alla luce, proprio nel bel mezzo delle nostre intense attività quotidiane, il ricordo di un'intuizione significativa di cui non ci eravamo mai accorti prima. Oppure, essa può prendere spunto da eventi reali che ci sono accaduti di recente, che ora riaffiorano alla nostra coscienza mentre stiamo riflettendo, con attenzione e dolcezza, sui vari episodi della giornata. La *recollection* ci aiuta a dare un significato a questi episodi. Tale significato può poi trovare espressione in nuovi pensieri o in nuove idee. Oppure, ancora, la *recollection* può nascere in seguito alla lettura di un testo filosofico – nel caso in cui si entri in risonanza con le idee fondamentali in esso espresse. Tali idee possono servire come "porte" verso la profondità, attraverso le quali la realtà penetra in noi.

Alcuni esempi delle mie recollection

In seguito riporto alcuni esempi di mie *recollection* personali, che ho effettuato all'inizio del 2019, poco dopo aver partecipato a una contemplazione di gruppo su un testo di Paul Tillich, un filosofo e teologo di origine tedesca. Le sue idee mi hanno colpito, e così ho deciso di usare alcuni dei suoi scritti per le mie *recollection* (i testi che ho usato si trovano sul sito Agorà). Si noti che le *recollection* non hanno lo scopo di spiegare le tesi di Tillich; il suo testo viene usato solo come "seme" per le mie intuizioni e per i miei pensieri.

Testo: *Il coraggio di essere*, di Paul Tillich
Martedì

Mi siedo sulla poltrona davanti al camino. Attraverso la finestra, guardo il cielo stellato. Fisso a lungo il fuoco e, all'improvviso, mi torna alla mente una frase di Tillich:

«(…) *il non essere fa parte dell'essere di ognuno*».

Mi rendo conto che tutto quello che so, che tutto ciò a cui sono abituato, tutto ciò che amo, che per me è prezioso – tutto questo finirà. Ora sono seduto, in silenzio, alla mia scrivania. Sento il mio corpo, ma posso anche sentire, molto chiaramente, che il mio tempo passa, il tempo della mia vita. Capisco così che questo scorrere del tempo mi porta verso il non-essere, verso il nulla.

Mercoledì

È mattina. Mi sveglio. Invece di precipitarmi a iniziare la giornata, mi fermo ad ascoltare me stesso. Di nuovo, una frase di Tillich mi si ripresenta alla mente:

«....*l'ansia è esistenziale, nel senso che appartiene all'esistenza in quanto tale*».

L'ansia è sempre con me – questa è la condizione principale della mia esistenza. Fra poco terrò una lezione, e l'ansia è già con me. Quello di cui mi preoccupo non è che io possa dimenticare qualcosa, o che non riuscirò a fare qualcosa. Piuttosto, mi preoccupo di me stesso in generale, così come della mia esistenza indifesa. Mi preoccupo di quello che sono, ma anche del modo in cui gli altri potranno accogliere il mio modo di essere.

Giovedì

Il giorno di lavoro è finito. Sto tornando a casa. Le luci serali della città entrano dal finestrino dell'auto. Sono soddisfatto della giornata. Capisco che cosa intende Tillich quando scrive che

«*il coraggio è autoaffermazione "nonostante" – cioè nonostante il non-essere*».

Dico a me stesso: «Lascia perdere l'ansia! Lascia perdere la paura!». Il mio coraggio non è nel fuggire dall'ansia, nel negarla, nel cercar di cambiare me stesso (in altre parole, nel cercare di essere un altro). Il mio coraggio è nell'affermare me stesso. Recentemente, mi è stato offerto di partecipare a un progetto. Il mio primo impulso è stato quello di rifiutare. Contrariamente a questo impulso, però, ho detto di sì. Perché? Beh, perché no? Quando dico di no, dico, in effetti, che non esisto; quando dico di sì, al contrario, affermo che io sono, che esisto, che sono vivo.

Venerdì
Leggo una pagina da Il coraggio di essere, di Tillich. La mia attenzione è attratta da questa frase:
«*Senza questa autoaffermazione, la vita non potrebbe essere né salvaguardata né migliorata*».

Ora capisco che nella mia autoaffermazione c'è sete di vita. Dico a me stesso: «Perché sei triste? Che cosa c'è che non va?». Più tardi, sono seduto a tavola. Mia moglie e i miei figli sono con me. Improvvisamente, mi sento riempire di gioia, perché vedo che loro hanno bisogno di me – perché mi parlano, mi parlano di sé. La cosa più importante, però, è che essi sono *con me*. Rivolgendo a loro la mia piena attenzione, mi colpisce profondamente il fatto che, in questo momento unico, io comprendo lo scopo della mia vita.

Sabato

È sera. Spengo il computer e rimango seduto alla scrivania. È arrivato il momento di ripensare all'intera giornata. Mi chiedo se ho raggiunto quello che avevo letto in Tillich:

«....*l'equilibrio tra paura e coraggio*».

C'è un confine tra paura e coraggio – un punto in cui io, costantemente, provo a conciliare tali opposti. Oggi, mentre parlavo con una persona, avevo bisogno di coraggio per riuscire a superare la paura di non essere in grado di rifiutare la sua richiesta. Non potevo soddisfare tale richiesta – questo lo sapevo. Sapevo che non avrei dovuto neanche dare a costui speranze illusorie. Per questo mio fine, però, dovevo superare il timore che egli mi considerasse cattivo e insensibile. In qualche modo, ho trovato il coraggio di rifiutare. Se non l'avessi fatto, l'avrei ingannato, e, con lui, avrei ingannato anche me stesso.

Testo: *La Dinamica della Fede* di Paul Tillich
Mercoledì

Siedo in silenzio davanti al camino, ripercorrendo con la mente la giornata. Ricordo la spiegazione di Tillich di come i simboli, al contrario dei segni convenzionali, possano condurci a livelli differenti di realtà. Mi torna in mente la seguente frase:

«... *I segni non partecipano alla realtà di ciò a cui puntano; i simboli sì*».

Con la mente, scendo nella profondità del simbolo dell'ospitalità. Mi ricordo di quando volevo aiutare un uomo, ma non sapevo come offrirgli il mio aiuto. Non era un amico intimo, ma, dopo averlo invitato a cena, scoprii che aveva una personalità inconsueta e, allo stesso tempo, interessante. Fu così che ai miei occhi egli si trasformò, rivelandosi una persona straordinaria e davvero profonda. La mia vita divenne migliore grazie a questo incontro.

Mi torna ora in mente un'altra frase di Tillich:

«....*un simbolo rivela livelli di realtà che altrimenti rimangono, per noi, irraggiungibili*».

Quest'uomo mi regalò una raccolta delle sue poesie. Sapevo che scriveva poesie, ma non mi aspettavo che fossero così belle e profonde. Se qualcuno mi avesse mostrato le sue poesie prima che io avessi avuto la possibilità di conoscerlo meglio, non avrei mai creduto che potesse esserne lui l'autore. Quanto possono essere ingannevoli le apparenze!

Giovedì

Mentre leggo un libro di poesie, entro in risonanza coi pensieri di Tillich riguardanti il simbolo:

«*Dentro di noi vi sono dimensioni di cui non possiamo avere consapevolezza se non attraverso i simboli*».

Questo libro di poesie mi ha rivelato molto di me stesso. Una poesia in particolare mi è piaciuta. Essa parla dell'opera di uno scultore, il quale usa due materiali: l'argilla, simbolo di generosità e mutevolezza, e il marmo, simbolo di costanza e rigore. Questi simboli vengono poi trasferiti nell'ambito dei rapporti tra persone: «l'argilla dell'incontro» e «il marmo della separazione». Ne traggo ispirazione.

«... *I simboli non possono essere inventati*», dice Tillich.

Un'altra poesia mi colpisce, intitolata Morte. Mi colpisce l'idea che anche la morte venga considerata un simbolo; di essa, infatti, non sappiamo nulla. Tuttavia, la morte può esistere, per noi, in modo simbolico. Che cosa simboleggia la morte? Simboleggiando incertezza e inevitabilità, essa indica che è proprio questo tutto ciò che deve essere accettato.

GLI AUTORI

Massimiliano Bavieri è un filosofo, pianista, traduttore e insegnante. Ha conseguito un diploma in pianoforte presso il Conservatorio "Luigi Boccherini" di Lucca e una laurea magistrale in Filosofia presso l'Università di Pisa. Ha aderito al movimento della pratica filosofica nel 2007 e nel 2017 ha partecipato a un ritiro filosofico contemplativo organizzato da Ran Lahav in Liguria. Nel 2019 è divenuto membro del Gruppo Deep Philosophy. Ha insegnato pianoforte nelle scuole medie e dal 2007 insegna italiano come lingua straniera presso il Centro Provinciale per l'Istruzione degli Adulti di Lucca. È anche traduttore e ha pubblicato traduzioni dal tedesco di alcuni saggi filosofici.

Sergey Borisov è dottore in filosofia e professore alla Università degli Urali del Sud (Chelyabinsk, Russia). Dal 2014 è attivo nel movimento internazionale della pratica filosofica. Oltre a dirigere un caffè filosofico a Chelyabinsk, lavora anche nel programma di Philosophy for Children in un centro Montessori. È a capo del progetto scientifico "Teoria e pratica della consulenza filosofica: un approccio comparativo", che ha ricevuto il sostegno finanziario della Fondazione Russa per la Ricerca di Base.

Francesca D'Uva ha studiato filosofia all'Università D'Annunzio di Chieti e si è laureata in filosofia nel 2015 con una tesi in filosofia della religione. Ha studiato pratica filosofica presso la Scuola "Parresìa" di Bologna. Negli ultimi anni ha lavorato in ambito sociale, educativo e tecnico. Entrata nel gruppo Deep Philosophy nel 2019, è ora coinvolta, tra l'altro, nell'organizzazione delle attività e dei ritiri del gruppo in Italia.

Sebastian Drobny è un biotecnologo tedesco certificato, attualmente residente in Austria. Nel 2015 ha conseguito la laurea in Scienze Applicate all'Università di Esslingen e ha poi lavorato come specialista in metodi di prova presso la sede centrale di Paul Hartmann S.p.A. a Heidenheim, in Germania. Successivamente inizia a lavorare come tutore presso il dipartimento di etica nelle scienze e nelle tecnologie per le università dello stato del Baden-Württemberg, in Germania. Nel 2017 ha iniziato gli studi di filosofia all'Università di Vienna. In quanto amante della natura, lavora anche come giardiniere.

Stefania Giordano, italiana, è filosofa praticante dal 2007. Dopo aver conseguito una laurea in Filosofia con una tesi sulla consulenza filosofica, ha studiato pratica filosofica presso la scuola Sicof di Roma, dove attualmente lavora nell'amministrazione, nella gestione e nell'insegnamento. Ha facilitato molti caffè filosofici, gruppi filosofici e sessioni individuali. Ha lavorato inoltre come praticante filosofico nelle scuole superiori e ha scritto articoli per riviste specializzate. E' mediatrice familiare e operatrice in un centro di violenza sulle donne come esperta di violenza di genere. Attualmente sta conseguendo una seconda laurea in Scienze della Formazione.

Ran Lahav è attivo a livello internazionale nel campo della pratica filosofica dal 1992. Cresciuto in Israele, si è trasferito negli Stati Uniti, dove nel 1989 ha conseguito il dottorato di ricerca in filosofia e il master in psicologia presso l'Università del Michigan. Ha insegnato filosofia in diverse università in Israele e negli Stati Uniti e ha tenuto, primo al mondo, un corso universitario sulla consulenza filosofica presso l'Università di Haifa in Israele, che è proseguito poi per oltre dieci anni. Nel 1994 ha ideato e coorganizzato la prima conferenza internazionale sulla consulenza filosofica. Ha tenuto numerosi workshop e presentazioni in tutto il mondo, ha pubblicato libri e articoli di filosofia e pratica filosofica, romanzi e libri di spiritualità in inglese e in ebraico.

Kirill Rezvushkin è Candidato di Scienze (equivalente russo del Dottorato di Ricerca) e professore associato presso il Dipartimento di Filosofia dell'Università Statale degli Urali del Sud (Chelyabinsk, Russia). Nel 2009 ha conseguito il diploma di specializzazione (equivalente al Master) in filologia russa, e, nel 2016, il diploma di specializzazione in storia presso l'Università Statale di Chelyabinsk. La sua tesi di laurea in filosofia, che ha difeso nel 2015, riguardava l'autenticità.

Michele Zese è un filosofo praticante italiano, che offre attività di pensiero filosofico a bambini piccoli e ad adolescenti nelle scuole. Ha conseguito la Laurea in Filosofia presso l'Università di Torino, specializzandosi in filosofia della mente, e, nel 2016, ha conseguito un Master in consulenza filosofica presso la scuola Sicof. Nel 2017 si è unito a Ran Lahav nell'organizzazione di ritiri filosofici contemplativi. In uno di questi ritiri ha partecipato alla creazione del gruppo Deep Philosophy.

www.ingramcontent.com/pod-product-compliance
Lightning Source LLC
Chambersburg PA
CBHW052154110526
44591CB00012B/1963